SELECTED SONGS

FOR VOICE AND PIANO

Modest Petrovich Moussorgsky

With New Transliterations and Translations by
STANLEY APPELBAUM

DOVER PUBLICATIONS, INC.
New York

Bibliographical Note

This Dover edition, first published in 1994, is a new selection of 26 songs reprinted from *M. Musorgskĭ/Romansï i pesni*, as published by the Gosudarstvennoe Muzïkal'noe Izdatel'stvo (State Music Publishing House), Leningrad, 1960 (edited by A. N. Dmitriev). New to the present edition are transliterations and English translations of the songs, together with an annotated table of contents and translations of the Russian musical terms in the text, all by Stanley Appelbaum.

Library of Congress Cataloging-in-Publication Data

Mussorgsky, Modest Petrovich, 1839–1881.
   [Songs. Selections]
   Selected songs for voice and piano / Modest Petrovich Moussorgsky; with new transliterations and translations by Stanley Appelbaum.
   1 score. cm.
   Russian words; includes English translations printed as text.
   Reprint. Originally published: Romansy i pesni. Leningrad : Gos. muzykal'noe izd-vo, 1960.
   Contents: Gde tï, zvëzdočka / words by N. Grekov — Kalistratuška / words by Nikolaĭ Nekrasov — Gopak / words by Taras Ševčenko — Svetik Savišna / words by Moussorgsky — Sirotka / words by Moussorgsky — Kolïbel'naĭa Erëmuški / words by Nikolaĭ Nekrasov — Detskaĭa: cycle / words by Moussorgsky — Bez solntsa : cycle / words by Arseniĭ Arkad'evič Goleniščev-Kutuzov — Pesnĭa Mefistofelĭa v pogrebke Auėrbakha / words by Johann Wolfgang von Goethe — Na Dnepre / words by Taras Ševčenko — Pesni i plĭaski smerti : cycle / words by Arseniĭ Arkad'evič Goleniščev-Kutuzov.
   1. Songs with piano. I. Appelbaum, Stanley.
   M1620.M957A67   1994   94-17169
   ISBN 0-486-28089-6   CIP
                                                   M

Manufactured in the United States of America
Dover Publications, Inc., 31 East 2nd Street, Mineola, N.Y. 11501

CONTENTS

TRANSLITERATIONS AND TRANSLATIONS OF THE TEXTS

Notes on Pronunciation

a When stressed, *ah*; when unstressed, *uh*.

aĭ Like the *ie* in "tie."

č Like *ch* in "cheese."

e When stressed, like the *ye* in "yes"; when unstressed, like the *yi* in "yip."

ė Like the *e* in "bet."

ë Like the *yo* in "yore."

eĭ *yay*, rhyming with English "hay."

ëĭ *yoy*.

i Like the English word "ye."

ï Like the *i* in "bit," but further back in the mouth.

i͡a When stressed, like the *ya* in "yacht"; when unstressed, like the *yi* in "yip."

iĭ Like the English word "ye."

ïĭ Combination of ï with a brief i sound.

i͡u Like the English word "you."

k͡h Like the *ch* in "Bach."

o When stressed, like the *o* in "more"; when unstressed, *ah* or *uh*.

oĭ Like the *oy* in "toy."

š Like the *sh* in "shoot."

s͡č A prolonged *sh*.

u Like the *u* in "put."

uĭ Combination of u with a brief i sound.

ž Like the *s* in "measure."

The letters b, d, f, g, k, l, m, n, p, r, s, t, v and z more or less as in English, but consonants become "soft" (palatalized) when followed by e, i or a combination sound beginning with those vowels. An apostrophe (') indicates that the preceding consonant is soft. A double apostrophe (") indicates that the preceding consonant is hard. The sign ⌒ indicates that the letters so joined represent a single letter in the Russian alphabet. The acute accent (´) indicates the main stress in a word. All the above notes are brief and very approximate; professional singers will want to seek further advice.

Gde tï, zvḗzdočka?

Gde tï, zvḗzdočka? Ak͡h, gde tï, i͡asnai͡a?
Il' zatmílasi͡a túčeĭ čḗrnoi͡u,
túčeĭ čḗrnoi͡u, túčeĭ gróznoi͡u?
Gde tï, dévit͡sa, gde tï, krásnai͡a?
Il' pokínula drúga mílovo,
Drúga mílovo nenagli͡ádnovo?
Túča čḗrnai͡a skrïla zvḗzdočku,
zémli͡a k͡hládnai͡a vzi͡ála dévit͡su.

Where are you, little star?

Where are you, little star? Ah, where are you, bright one?
Have you been darkened by a black cloud,
by a black cloud, a menacing cloud?
Where are you, maiden, where are you, beautiful one?
Have you abandoned your dear sweetheart,
your dear, beloved sweetheart?
A black cloud has covered the little star,
the cold earth has taken the maiden.

Kalistrátuška

Nádo mnoĭ pevála mátuška,
kolïbél' moi͡u, kolïbél' kačái͡uči, kačái͡uči:
"Búdeš' sčástliv, Kalistrátuška!
Búdeš' žit' tï, pripevái͡uči,
búdeš' žit' tï pripevái͡uči!"
I sbïlos' po vóle bóžieĭ
predskazán'e moéĭ mátuški,
sbïlos' po vóle bóžieĭ
predskazán'e moéĭ mátuški, moéĭ mátuški:
net sčastlíveĭ, net prigóžeĭ,
net nari͡ádneĭ Kalistrátuški!

Kalistrátuška (Little Kalistrát)

Leaning over me, my mother used to sing
as she rocked, rocked my cradle, my cradle:
"You will be happy, little Kalistrát!
You will go through life humming [i.e., live in clover],
you will go through life humming!"
And by the Lord's will
my mother's prediction came true,
by the Lord's will
my mother's, my mother's prediction came true:
there is no one happier, no one handsomer,
no one better groomed than little Kalistrát!

Net nariadneĭ Kalistrátuški!
Kl'učevóĭ vodítseĭ umïváiusia,
piaternéĭ češú volósïn'ki;
urožáiu dožïdáiusia
s nezapákhannoĭ polósïn'ki,
urožáiu dožïdáiusia
s nezapákhannoĭ polósïn'ki, s nezapákhannoĭ!
A žená moia zanimáetsia
na nagíkh, na nagíkh detíšek stírkoiu;
púšče múža nariažáetsia,
nósit lápti s podkovírkoiu,
nósit lápti s podkovírkoiu!
Da, búdeš' sčástliv, Kalistrátuška,
da, búdeš' žiť' ti pripeváiuči!

No one better groomed than little Kalistrát!
I wash in spring water,
I comb my hair with my five fingers;
I await a harvest
from an unplowed field,
I await a harvest
from an unplowed field, an unplowed one!
And my wife is occupied
with the laundry of our naked, naked children;
she dresses better than her husband,
she wears bast sandals with a patterned weave,
she wears bast sandals with a patterned weave!
Yes, you will be happy, little Kalistrát,
yes, you will go through life humming!

Gopak

Goĭ! Gop, gop, gopaká!
Pol'ubíla kazaká.
Tól'ko stáriĭ da nediúžiĭ,
tól'ko rïžïĭ, neukl'úžïĭ.
Vot i dól'a vsia poká! Goĭ!
Dól'a slédom za toskóiu
a ti, stáriĭ, za vodóiu,
a samá-to ia v šinók
da khvaču sebé kriučók.
A potóm vsë čok da čok, vsë čok da čok!

Čárka pérvaia kolóm,
a vtoráia sokolóm . . .
Bába v pl'as pošlá v konéts!
a za néiu molodéts . . .
Stáriĭ, rïžïĭ bábu klíčet,
tól'ko bába kúkiš' tíčet:
"Kol' ženílsia, sataná,
dobïváĭ že mne pšená. Vot kak!
Nádo détok požalét',
nakormíť' i priodéť'. Vot čto!
Dobïvái, smotrí, bïť' khúdu,
a ne to samá dobúdu. Slïš' ti!
Dobïváĭ že, stáriĭ, rïžïĭ,
dobïváĭ skoréĭ, besstížïĭ. Čto, vziál?
Tól'ko, stáriĭ, ne greší,
kolïbél'ki kolïší, vot tak!
Kolïbél'ki, stáriĭ, kolïší, vot tak!
Kak bïlá ia molodóiu, da ugodnítseiu,
ia povesíla perédnik nad okonnítseiu
i v okóšečko kiváiu,
v piál'tsakh šëlkom višiváiu.
Goĭ, Seménï, vï, Ivánï,
nadeváĭte-ka kaftánï,
da so mnoĭ guliať' poĭdémte,
da prisiadem, zapoëmte" . . .
Goi (9x)! Gop, gop, gopaká!
Pol'ubíla kazaká!
Tól'ko stáriĭ da nediúžiĭ,
tól'ko rïžïĭ, neukl'úžïĭ,
vot i právda vsia poká. Goĭ!

Hopak

Hoy! Hop, hop, hopak!
I [a woman] fell in love with a Cossack.
Only, he's old and weak;
only, he's redheaded and clumsy.
That's my entire fate for now! Hoy!
My fate follows sorrow closely;
but you, old man, go for water,
while *I* go to the tavern
and grab myself a pitcher.
And then all will be clinking of glasses, all will be clinking
    of glasses!
The first glass—stiff as a picket;
but the second—free as a falcon . . .
The old lady joined the dance totally!
and a young man went after her . . .
The old man, the redhead, calls his old lady,
but the old lady makes the sign of the fig:
"Since you married me, you devil,
get me some millet [to eat]. So there!
You need to feel sorry for the children,
feed and clothe them. That's what!
Provide for us, see, things will be bad,
and *I'm* not going to be the provider. You hear?
So provide, old man, redhead,
provide quickly, shameless man. Well, did you get it?
Only, old man, don't sin,
go rock the cradles, that's what!
Rock the cradles, old man, that's what!
When I was young and ready to please,
I would hang my apron over the windowsill
and would wave out the window,
and would embroider with silk on a frame.
Hoy, you Simons, you Ivans,
put on your caftans
and come have fun with me,
let's sit down and sing a while" . . .
Hoy (9x)! Hop, hop, hopak!
I fell in love with a Cossack!
Only, he's old and weak;
only, he's redheaded and clumsy,
that's the entire truth for now. Hoy!

Svétik Sávišna

Svet moĭ, Sávišna, sókol iãsnen'kiĭ,

polĭubí menĩã nerazúmnova,
prigolúb' menĩã, goremĩčnova.
Oĭ li, sókol moĭ, sókol iãsnen'kiĭ,
svétik Sávišna, svet Ivánovna.
Ne pobrézgaĭ tï gól'ĩu góloĩu,
bestalánnoĭu moéĭ dóloĩu.
Urodílsĩã, viš', na smekȟ lĭudĩãm ĩã,
pro zabávu da na potékȟi im.
Klíčut, Sávišna, skórbnïm rázumom,
velĩčáĭut, sliš', Váneĭ bóžïim,
svétik Sávišna, svet Ivánovna.
I daĭut pinkóv Váne bóž'emu,
kórmĩãt, čéstvuĭut podzatï'l'nikom.
A pod prázdniček kak razrĩãdĩãtsĩã,
uberútsĩã, viš', v léntï álïe,
dadút kȟlébuška Váne skórbnomu,
ne zabïï' čtóbï Vánĩu bóž'evo.
Svétik Sávišna, ĩãsnïĭ sókol moĭ,
polĭubí ž menĩã, neprigóževa,
prigolúb' menĩã, odinókova.
Kak lĭublĭu tebĩã móči net skazát',
svétik Sávišna, ver' mne ver' ne ver',
svet Ivánovna.

Sirotka

Bárin moĭ, mílen'kiĭ,
bárin moĭ, dóbren'kiĭ,
sžál'sĩã nad bédnen'kim,
gór'kim, bezdómnïm sirótočkoĭ. Bárinuška!
Kȟólodom, gólodom gréĭus', kormlĭusĩã ĩã,
búreĭ da v'ĭugoĭu v noč prikrïváĩusĩã.
Brán'ĭu, pobóĩami, strákȟom, ugrózoĭ
dóbrïe lĭudi za ston golódnïĭ moĭ pódčuĭut.
V čášču l' dremúčuĭu ot lĭudéĭ sprĩáčus' ĩã,
gólod dokúčlivïĭ íz-lesu vïtolknet.
Net moéĭ síluški, pit', est' zakȟóčetsĩã.
Bárin moĭ, mílen'kiĭ,
bárin moĭ, dóbren'kiĭ!
S gólodu smert' strašná,
S kȟólodu stïnet krov'.
Bárin moĭ, dóbren'kiĭ,
sžálsĩã nad bédnen'kim.
Sžálsĩã nad gór'kim sirótočkoĭ . . .

Kolïbél'naĩã Erémuški

Báĭu baĭ, baĭ, báĭu baĭ, baĭ!
Níže tónen'koĭ bïlínočki
nádo gólovu klonít',
čtóbï bédnoĭ sirotínuške
bespečál'no vek prožít'.
Báĭu baĭ, baĭ, báĭu baĭ, baĭ!
Síla lómit i solómušku,
poklonís' poníže eĭ,

Darling Sávišna

My light [darling], Sávišna, my bright little falcon [sweetheart],
fall in love with me, the simpleton,
caress me, the miserable man.
Oh, my falcon, bright little falcon,
darling Sávišna, dear Ivánovna [her patronymic].
Don't be squeamish about my poverty,
about my luckless fate.
It's true, I've been formed as a laughingstock for people,
for their amusement and their fun.
Sávišna, they call me feebleminded;
you hear? they call me God's [fool] Vánĩa,
darling Sávišna, dear Ivánovna.
And they give kicks to God's Vánĩa,
they feed and feast me with blows on the neck.
And on feast days when they dress up,
you know, and deck themselves out in scarlet ribbons,
they give a little bread to poor Vánĩa,
so as not to forget God's Vánĩa.
Darling Sávišna, my bright falcon,
do fall in love with me, the ugly, useless one,
caress me, the lonely one.
How I love you, I don't have the power to tell,
darling Sávišna, believe me or not,
dear Ivánovna.

The little orphan

Kind sir,
good sir,
take pity on a poor,
miserable, homeless little orphan boy. Oh, Sir!
With cold, with hunger, I am warmed and nourished,
by storms and blizzards I am sheltered for the night.
With abuse, beatings, fear and threat
good people regale me when I groan in hunger.
If I hide from people in the dense forest,
tiresome hunger drives me out of the woods.
I have no more strength, I want to drink, to eat.
Kind sir,
good sir!
Death from hunger is terrible,
blood gets chilled from the cold.
Sir, good sir,
take pity on the poor child.
Take pity on the miserable little orphan . . .

Erémuška's lullaby

Lulla, lullaby!
Lower than the slender little blade of grass
one must bow one's head
so that a poor little orphan
can live out his life without suffering.
Lulla, lullaby!
Force breaks even the little straw,
bow down lower than it does,

čtóbï stáršie Erëmušku
v lı͡udi vïvelí skoréĭ.
Bái͡u baĭ, baĭ, bái͡u baĭ, baĭ!
V lı͡udi víĭdeš' vsë s vel'móžami,
stáneš' drúžestvo vodít',
s molodḯmi, da s prigóžïmi,
búdeš' s bárami šalít'.
I vesélai͡a, i privól'nai͡a
žïzn' pokátitsi͡a šuti͡a.
Bái͡u baĭ, baĭ, bái͡u baĭ, baĭ.

so that those in authority
set Erëmuška up in the world quickly.
Lulla, lullaby!
You will make your way along with the magnates,
you will form friendships with them,
with the young, and with the handsome,
you will sport with the gentry.
And merry, and untrammeled,
your life will roll by in enjoyment.
Lulla, lullaby.

DÉTSKAI͡A

1. S ni͡aneĭ

Rasskaží mne, ni͡ani͡uška,
rasskaží mne, mílai͡a,
pro tovó, pro búku strášnovo;
kak tot búka po lesám brodíl,
kak tot búka v les detéĭ nosíl,
i kak grïz on ikh bélïe kóstočki,
i kak déti te kríčali, plákali.
Ni͡ani͡uška!
Ved' za to ikh, detéĭ-to, búka s'el,
čto obídeli ni͡ani͡u stárui͡u,
pápu s mámoĭ ne poslúšali;
ved' za to on s'el ikh, ni͡ani͡uška?
Íli vot čto:
rasskaží mne lúčše pro tsari͡a s tsarítseĭ,
čto za mórem žíli v teremú bogátom.
Eščë tsar', vsë na nogú khromál,
kak spotknëtsi͡a tak grib vírastet.
U tsarítsï-to vsë násmork bïl,
kak čikhnët stëkla vdrébezgi!
Znáeš', ni͡ani͡uška,
tï pro búku-to už ne rasskázïvaĭ.
Bog s nim, s búkoĭ!
Rasskaží mne, ni͡ani͡a, tu smešnúi͡u-to!

NURSERY

1. With Nurse

Tell me, Nursie,
tell me, dear,
about that horrible bogeyman;
how that bogeyman roamed through the forests,
how that bogeyman brought children into the forest,
and how he gnawed their little white bones,
and how those children screamed and cried.
Nursie!
You know, the bogeyman ate those children up because
they treated their old nurse badly,
and didn't obey their daddy and mommy;
that's why he ate them up, right, Nursie?
Or I tell you what:
better than that, tell me about the emperor and empress,
who lived beyond the sea in a rich tower.
Besides, the emperor always limped on one leg,
and whenever he stumbled a mushroom grew.
And that empress always had a head cold,
and when she sneezed the windowpanes shattered!
You know, Nursie,
don't tell me any more about the bogeyman.
Forget about the bogeyman!
Nurse, tell me something funny!

2. V uglú

Akh tï, prokáznik!
Klubók razmotál, prutkí rasteri͡ál!
Akhtí! Vse pétli spustíl!
Čulók ves' zabrïzgal černílami!
V úgol! V úgol! Pošël v úgol!
Prokáznik!
I͡a ničevó ne sdélal, ni͡ani͡uška,
i͡a čulóček ne trógal, ni͡ani͡uška!
Klubóček razmotál kotënoček,
i prutóčki razbrósal kotënoček.
A Míšen'ka bïl páin'ka,
Míšen'ka bïl úmnitsa.
A ni͡ani͡a zlái͡a, stárai͡a, u ni͡ani nósik-to zapáčkannïĭ,
Míša čísten'kii, pričésannïĭ,
a u ni͡ani čépčik ná-boku.
Ni͡ani͡a Míšen'ku obídela,
naprásno v úgol postávila;
Míša ból'še ne búdet lı͡ubít' svoi͡u ni͡ani͡ušku, vot čto!

2. In the corner

"Oh, you naughty boy!
You unwound my yarn, you lost my needles!
Ah! You dropped all my stitches!
You splashed ink all over the stocking!
Into the corner! Into the corner! Into the corner with you!
Naughty boy!"
I didn't do a thing, Nursie,
I didn't touch the stocking, Nursie!
The kitten unwound the yarn,
and the kitten scattered the needles.
But little Míša was a good boy,
Míša was well behaved.
But Nursie is bad and old, Nursie's nose is all dirty;
Míša is nice and clean, all combed and brushed,
but Nursie's cap is sideways.
Nursie was bad to little Míša,
she put him in the corner for no reason;
Míša isn't going to love his Nursie any more, so there!

3. Žuk

Ńáńḯa, ńáńiṷška! Čto slučílos', ńáńḯa, dúšen'ka!
Ḯa igrál tam na pesóčke za besédkoĭ, gde berézki,

stróil dómik iz lučínoček klenóvikh,
tekh, čto mne máma, sáma máma naščepála.
Dómik už sovsém postróil,
dómik s kríškoĭ, nastoḯaščiĭ dómik. Vdrug!
Na sámoĭ kríške žuk sidít
ogrómnïĭ, čérnïĭ, tólstïĭ takóĭ.
Usámi ševélit strášno tak
i pŕámo na meńḯa vsë smótrit!
Ispugálsḯa ḯa! A žuk gudít, zlítsḯa,
krïl'ḯa rastopíril, skhvatít' meńḯa khóčet.
I naletél, v visóček meńḯa udáril!
Ḯa pritaílsḯa, ńáńiṷška, prisél, bóḯus' poševel'nút'sḯa!
Tól'ko glazók odín čut-čut otkríl!
I čto že? poslúšaĭ, ńáńiṷška.
Žuk ležít, složívši lápki,
kvérkhu nosikóm, na spínke,
i už ne zlítsḯa i usámi ne ševélit,
i ne gudít už, tól'ko krïlíškí drožát!
Čto ž on, úmer? il' pritvorílsḯa?
čto ž éto, čto že, skaží mne, ńáńḯa, s žúkom-to stálos'?
Meńḯa udáril, a sam svalílsḯa!
Čto ž éto s nim stálos', s žúkom-to?

4. S kúkloĭ

Ťápa, baĭ, baĭ, Ťápa, spi, usní,
ugomón tebḯa voz'mí!
Ťápa, spat' nádo. Ťápa, spi, usní!
Ťápu búka s'est, sérïĭ volk voz'mét,
v tëmnïĭ les snṛsët!
Ťápa, spi, usní.
Čto vo sne uvídiš', mne pro to rasskážeš':
pro óstrov čúdnïĭ, gde ni žnut, ni séṷut,
gde tsvetút i zréṷut
grúši nalivníe,
den' i noč' poṷut ptíčki zolotíe!
Baĭ, baĭ, báṷu, baĭ, baĭ, baĭ, Ťápa!

5. Na son gŕadúščiĭ

Góspodi, pomíluĭ pápu i mámu i spasí ikh Góspodi!

Góspodi, pomíluĭ bráttsa Vásen'ku i bráttsa Míšen'ku.

Góspodi, pomíluĭ bábušku stáren'kuṷ,
pošlí tï eĭ dóbroe zdoróv'itse,
bábuške dóbren'koĭ, bábuške stáren'koĭ; Góspodi!
I spasí, Bóže naš:
Tétïu Kátïu, tétïu Natášu, tétïu Mášu, tétïu Parášu,
tëteĭ Lḯubu, Várïu i Sášu, i Ólïu, i Tánïu, i Nádïu;
dḯadeĭ Pétïu i Kólïu, dḯadeĭ Volódïu, i Gríšu, i Sášu,
i vsekh ikh, Góspodi, spasí i pomíluĭ.
I Fíl'ku, i Ván'ku, i Mít'ku, i Pét'ku,

3. The beetle

Nurse, Nursie! Listen what happened, Nurse dear!
I [a boy] was playing there in the sand, behind the arbor, by
   the birches,
I was building a little house out of the maple splinters,
the ones that Mommy herself broke up for me.
I was already finishing the house,
a house with a roof, a real house. Suddenly!
On the very roof there sits a beetle,
enormous, black, as thick as this.
He waves his feelers scarily, like this,
and keeps on looking right at me!
I got frightened! And the beetle buzzes, gets mad,
he spreads his wings, he wants to catch me.
And he flew over and hit me in the temple!
I hid, Nursie, I cowered, I was afraid to make a move!
I just barely opened one eye!
And what did I see? Listen, Nursie.
The beetle was lying there with his little feet joined,
with his nose upward, on his back,
and wasn't angry any more or waving his feelers,
or buzzing any more, only his wings were trembling!
What about him, did he die? Or was he pretending?
What was it, what happened to the beetle? Tell me, Nursie!
He hit me and he fell down himself!
Whatever happened to him, to the beetle?

4. With the doll

Lullaby, Ťápa, Ťápa, sleep, go to sleep,
go to rest!
Ťápa, you must sleep. Ťápa, sleep, go to sleep!
The bogeyman will eat Ťápa up, the gray wolf will get her,
he'll carry her off into the dark forest!
Ťápa, sleep, go to sleep.
What you see in your dreams, you will tell me about:
about the strange island where they don't reap or sow,
where juicy pears
blossom and ripen,
and golden birds sing day and night!
Lulla, lullaby, Ťápa!

5. Before going to bed

Lord, have mercy on Daddy and Mommy and save them,
   Lord!
Lord, have mercy on little brother Vásḯa and little brother
   Míša.
Lord, have mercy on old Grandma,
send her good health,
good Grandma, old Grandma; Lord!
and, (our) God, save:
Aunt Kátḯa, Aunt Natáša, Aunt Máša, Aunt Paráša,
Aunt Lḯuba, Várḯa and Sáša, and Ólḯa, and Tánḯa, and Nádḯa;
Uncle Pétḯa and Kólḯa, Uncle Volódḯa, and Gríša, and Sáša;
and save and have mercy on them all, Lord.
And Fíl'ka, and Ván'ka, and Mít'ka, and Pét'ka,

i Dášu, Pášu, Sónīu, Dúnīušku . . .
Nīanīa, a nīanīa! Kak dál'še, nīanīa?
Viš' tï, prokáznītsa kakáīa!
Už skól'ko raz učíla:
Góspodi, pomíluī i menīá gréšnuīu!
Góspodi, pomíluī i menīá gréšnuīu!
Tak, nīanīuška?

and Dáša, Páša, Sónīa, Dúnīuška . . .
Nurse, oh, Nurse! How does it go after that, Nurse?
"Shame on you, such a naughty girl!
How many times have I taught you already:
Lord, also have mercy on me, a sinner!"
Lord, also have mercy on me, a sinner!
Was that right, Nursie?

6. Kot Matrós

Aī, aī, aī, aī, máma, mílaīa máma!
Pobežála īa za zóntikom, máma, óčen' ved' žárko,

šárila v komóde i v stolé iskála: net, kak naróčno!

Īa vtoropīakh k oknú podbežála,
móžet bït', zóntik tam pozabïla . . .
Vdrug vížu: na okné-to kot naš Matrós,
zabrávšis' na klétku, skrebĕt!
Snegír' drožít, zabílsīa v úgol, piščít.

Zlo menīá vzīalo!
Ė, brat, do ptíček tï lákom!
Net! Postóī, pópalsīa. Viš' tï kot!
Kak ni v čem ne bïválo, stoīu īa, smotrīu v storónku,

tól'ko glázom odním podmečáīu: stránno čtó-to!
Kot spokóīno v glazá mne smótrit,
a sam už lápu v klétku zanósit;
tól'ko čto dúmal skhvatít' snegirīá . . . a īa evó khlop!

Máma! Kakáīa tvĕrdaīa klétka,
pál'tsam tak ból'no, máma, máma!
Vot v sámïkh kónčikakh, vot tut,
tak nóet, nóet tak . . .
Net! Kakóv kót-to, máma, . . . a?

6. Sailor the cat

Oh, oh, oh, oh, Mommy, Mommy dear!
I [a girl] raced around after the parasol, Mommy—it's very
    hot, you know—
I rummaged in the commode and looked on the table: no-
    where, as luck would have it!
I dashed over to the window,
(thinking) maybe I forgot the parasol there . . .
Suddenly I saw: on that window our cat Sailor
was scratching, climbing onto the cage.
The bullfinch was trembling; cowering in the corner,
    peeping.
I got annoyed!
So, my good fellow, you have a sweet tooth for birds!
No! Stop, you're caught. You bad cat!
As if nothing were the matter, I stood there looking off to
    the side,
just observing with one eye: something strange!
The cat calmly looked me in the eye,
and was already putting his paw into the cage,
he was just about to grab the bullfinch . . . but I whacked
    him!
Mommy! What a hard cage,
my fingers hurt so, Mommy, Mommy!
Here, right at the very tips, right here,
it aches so, it aches so . . .
No! What a cat, Mommy, . . . huh?

7. Poékhal na páločke

Geī! Gop (5x)! Geī, podí!
Geī! Geī! Geī, podí! Gop (10x)! Geī (5x)!
Ta-ta-ta- . . . (33 "ta"'s)! Tpru! Stoī! Vásīa, a Vásīa!
slúšaī, prikhodí igrát' sevódnīa;
kakíe u menīá vóžži est':
dlínnïe, dlínnïe, krépkie, vot už ne oborvútsīa.
Tak prikhodí ž igrát' k nam, Vásīa; tól'ko ne pózdno!
Nu tï gop! Gop, gop! Proščáī, Vásīa!
Īa v īukkí poékhal . . . tól'ko k véčeru . . .
nepreménno búdu . . . mï ved' ráno,
óčen' ráno spat' ložímsīa . . . prikhodí ž smotrí!
Tra-ta- . . . (1 "tra" and 15 "ta"'s)! Geī! Ta (16x)! Podí!
Geī! Geī, podí! Geī, geī, podí! Geī, geī! Razdavlīu!

Oī! Oī, ból'no! Oī, nógu! Oī, ból'no! Oī, nógu!
Mílïī moī, moī mál'čik, čto za góre!
Nu pólno plákat'; proīdét, moī drug,

7. Hobbyhorse ride

Hey! Hop (5x)! Hey, let's go!
Hey! Hey! Hey, let's go! Hop (10x)! Hey (5x)!
Ta-ta-ta- . . . (33 "ta"'s)! Whoa! Stop! Vásīa, oh Vásīa!
listen, come over and play today;
what reins I've got:
long, long ones, strong ones, look, they won't break.
So come to our place to play, Vásīa; but not late!
Now, you, hop! Hop, hop! Goodbye, Vásīa!
I'm riding out to īukki . . . but toward evening . . .
I'll surely be there . . . you see, we go to bed
early, very early . . . come over and see!
Tra-ta- . . . (1 "tra" and 15 "ta"'s)! Hey! Ta (16x)! Let's go!
Hey! Hey, let's go! Hey, hey, let's go! Hey, hey! I'll run over
    you!
Ow! Ow, it hurts! Ow, my leg! Ow, it hurts! Ow, my leg! . . .
"My dear, my little boy, what's the matter?
Stop crying now, it will go away, sweetie,

postóĭ-ka, vstan' na nóžki prĭámo, vot tak, ditĭá.
Posmotrí, kakáĭa prélest'! Vídiš'? v kustákh na lévo?
Akh, čto za ptíčka dívnaĭa! Čto za péri̇̈ški!
Vídiš'? Nu, čto? Prošló? Áu! Popálas', máma!
Ved' ĭa naróčno, mamúlĭa. Vot kak!

stop, stand up straight on your feet, like that, my child.
Look, how delightful! See? In the bushes on the left?
Ah, what a wonderful bird! What feathers!
See? And so? Did it go away?" Ha! You fell for it, Mommy!
See, I was just fooling, silly. That's what!

BEZ SÓLNTSA

1. V cetïrĕkh stenákh

Kómnatka tésnaĭa, tíkhaĭa, mílaĭa;
ten' neproglĭádnaĭa, ten' bezotvétnaĭa;
dúma glubókaĭa, pésnĭa unílaĭa;
v b'ĭúščemsĭa sérdtse nadéžda zavétnaĭa,
bïstrïĭ polĕt za mgnovén'em mgnovénĭa;
vzor nepodvížnïĭ na sčást'e dalĕkoe;
mnógo somnénĭa, mnógo terpénĭa.
Vot oná noč' moĭá, noč' odinókaĭa.

SUNLESS

1. Within four walls

A small, silent, dear room;
pitch darkness, mute darkness;
deep thoughts, a cheerless song;
in my beating heart a cherished hope,
a swift flight of one moment after another;
my gaze fixed on a distant happiness;
much doubt, much patience.
Such is my night, my lonely night.

2. Menĭá tï v tolpé ne uznála

Menĭá tï v tolpé ne uznála,
tvoĭ vzglĭáad ne skazál ničevó.
No čúdno i strášno mne stálo,
kogdá ulovíl ĭa evó:
to bïlo odnó liš' mgnovén'e;
no ver' mne, ĭa v nĕm perenĕs
vseĭ próšloĭ lĭubví naslaždén'ĭa,
vsĭu góreč' zabvén'ĭa i slĕz!

2. You did not recognize me in the crowd

You [a woman] did not recognize me in the crowd,
your glance said nothing.
But I [a man] felt strange and afraid
when I caught your eye:
it was only one moment;
but believe me, in it I endured
the delights of all our past love,
all the bitterness of oblivion and tears!

3. Okónčen prázdnïĭ, šúmnïĭ den'

Okónčen prázdnïĭ, šúmnïĭ den';
lĭúdskáĭa žïzn', umólknuv, drémlet.
Vsĕ tíkho. Máĭskoĭ nóči ten'
stolítsu spĭáščuĭu ob"émlet.
No son ot glaz moíkh bežít.
I pri lučákh inóĭ dennítsï
voobražénie vertít
godóv utráčennïkh stranítsï.
Kak búdto vnov' vdïkháĭa ĭad
vesénnikh, strástnïkh snovidénïĭ,
v dušé ĭa voskrešáĭu rĭad
nadéžd, porïvov, zabluždénïĭ . . .
uvï, to prízraki odní!
Mne skúčno s mĕrtvoĭ ikh tolpóĭu,
i šum ikh stároĭ boltovní
užé ne vlásten nádo mnóĭu.
Liš' ten' odná iz vsekh tenéĭ,
ĭavílas' mne, dïšá lĭubóv'ĭu,
i, vérnïĭ drug minúvšikh dneĭ,
sklonílas' tíkho k izgolóv'ĭu.
I smélo ótdal eĭ odnóĭ
vsĭu dúšu ĭa v slezé bezmólvnoĭ,
niкém nezrímoĭ, sčást'ĭa pólnoĭ,
v slezé, davnó khranímoĭ mnoĭ!

3. Finished is the idle, noisy day

Finished is the idle, noisy day;
people's life has fallen silent and is slumbering.
All is quiet. The darkness of the May night
envelops the sleeping capital.
But sleep flees my eyes.
And by the rays of a different daybreak
my imagination turns
the pages of lost years.
As if once again inhaling the poison
of fearful springtime dreams,
in my soul I was reviving a number
of hopes, passions, delusions . . .
alas, they are merely ghosts!
I am bored with the dead crowd of them,
and the noise of their old chatter
no longer has any power over me.
Only one shade out of all the shades
appeared to me, breathing love,
and, a faithful friend of days gone by,
bent silently toward my pillow.
And boldly to it alone
I surrendered my entire soul in a speechless tear,
invisible to everyone, full of happiness,
a tear that I had long held in my keeping!

4. Skučáĭ

Skučáĭ. Tï sózdana dĺa skúki.
Bez žgúčikh čuvstv otrádï net,
kak net vozvráta bez razlúki,
kak bez borén'ĩa net pobéd.
Skučáĭ. Skučáĭ, slovám ĺubví vnimáĩa,
v tiší serdéčnoĭ pustotí,
privétom lžïvïm otvečáĩa
na právdu dévstvennoĭ mečtí.
Skučáĭ. S roždén'ĩa do mogílï
zarán'e put' načěrtan tvoĭ:
po káple tï istrátiš' sílï,
potóm umrěš', i Bog s tobóĭ, i Bog s tobóĭ!

4. Be bored

Be bored. You [a woman] were created for boredom.
Without burning feelings there can be no comforting,
just as there is no return without separation,
just as without struggling there are no victories.
Be bored. Be bored heeding words of love
in the silence of your heart's emptiness,
responding with deceitful greetings
to the truth of a virgin daydream.
Be bored. From birth to the grave
your path was marked out in advance:
drop by drop you will waste your strength,
then you will die, and God be with you, and God be with you!

5. Ėlégiĩa

V tumáne drémlet noč'. Bezmólvnaĩa zvezdá
skvoz' dïmku oblakóv mertsáet odinóko.
Zveníat bubéntsami unïlo i daléko
konéĭ pasúščikhsĩa stadá.
Kak nóči oblaká, izménčivïe dúmï
nesútsĩa nádo mnoĭ trevóžnï i ugríumï;
v nikh ótbleski nadéžd, kogdá-to dorogíkh,
davnó potérĩannïkh, davnó už ne žïvïkh.
V nikh sožaléníĩa . . . i slézï.
Nesútsĩa dúmï te bez tséli i kontsá;
to prevratĩas' v čertï ĺubímovo litsá,
zovút, roždáĩa vnov' v dušé bïlïe grézï,

to slívšis' v čérnïĭ mrak, polní nemóĭ ugrózï,

gríadúščevo bor'bóĭ pugáĩut róbkiĭ um,
i slíšitsĩa vdalí nestróĭnoĭ žïzni šum,
tolpï bezdúšnoĭ smekh, vraždï kovárnoĭ rópot,

žïtéĭskoĭ méloči nezaglušímïĭ šépot,
unïlïĭ smérti zvon! . . . Predvéstnitsa zvezdá,
kak búdto pólnaĩa stïdá,
skrïváet svétlïĭ lik v tumáne bezotrádnom,
kak búduščnost' moĩa, nemóm i neprogĺadnom.

5. Elegy

In the mist the night is slumbering. A silent star
twinkles all alone through the haze of the clouds.
From far off comes a sad ringing of bells
from herds of grazing horses.
Like the night's clouds, ever-changing thoughts
flit past above me, disturbing and gloomy;
in them are gleams of hopes that were once dear
but long since lost, long since dead.
In them are regrets . . . and tears.
Those thoughts fly past without a goal or end;
now turning into the features of a beloved face,
they call, engendering again in my soul daydreams of the past;
now merging into black darkness and filled with mute menace,
they frighten my timid mind with the battle of the future,
and in the distance are heard the noise of discordant life,
the laughter of the soulless mob, the murmur of perfidious enmity,
the undrownable whisper of worldly trifles,
the cheerless knell of death! . . . A presaging star,
as if full of shame,
hides its bright face in the comfortless mist
that is mute and impenetrable like my future.

6. Nad rekóĭ

Mésĩats zadúmčivïĭ, zvézdï dalékie
s sínevo néba vodámi ĺubúĩutsĩa.
Mólča smotrĩú ĩa na vódï glubókie;
táĭnï volšébnïe sérdtsem v nikh čúĩutsĩa.
Pléščut taĩatsĩa, laskátel'no néžnïe;
mnógo v ikh rópote sílï čarúĩuščeĭ.
Slíšatsĩa dúmï i strásti bezbréžnïe . . .
gólos nevédomïĭ, dúšu volnúĩuščiĭ.
Néžït, pugáet, navódit somnénie.
Slúšat' velít li on? s mésta b ne sdvínulsĩa.
Gónit li proč'? ubežál bï v smĩaténii.
V glub' li zovét? bez ogĺadki b ĩa kínulsĩa! . . .

6. On the river

The pensive moon, the distant stars
from the blue sky take delight in the waters.
Silently I look into the deep waters;
magical secrets are perceived in them by my heart.
They splash, they hide, caressingly tender;
there is much spellbinding strength in their murmuring.
Shoreless thoughts and passions are heard . . .
an unknown voice, agitating my soul.
It pampers, it frightens, it induces doubt.
Does it order me to listen? I wouldn't move from the spot.
Is it driving me away? I would run off in confusion.
Does it call me into the depths? I would cast myself in without looking back! . . .

Pésnia Mefistófelia v pogrébke Áuėrbakha

Žïl bïl koról' kogdá-to,
pri nëm blokhá zïlá,
blokhá . . . blokhá!
Miléï rodnóvo bráta
oná emú bïlá,
blokhá . . . Kha (5x)! Blokhá? Kha (5x)! Blokhá!
Zovët koról' portnóvo:
"Poslúšaï tï, čurbán!
Dlia drúga dorogóva
sšeï bárkhatnïï kaftán!"
Blokhé kaftán? . . . Kha (5x)! Blokhé? Kha (5x)!
Kaftán? Kha (10x)! Blokhé kaftán?
Vot v zóloto i bárkhat
blokhá nariažená,
i pólnaia svobóda
eï pri dvoré daná.
Kha (7x)! Blokhé! Kha (8x)! Blokhé!
Koról' eï san minístra
i s nim zvezdú daët,
za néiu i drugíe,
pošlí vse blókhi v khod.
Kha, kha!
I sámoï koroléve,
i fréïlinam eia,
ot blokh ne stálo móči,
ne stálo i žït'ia.
Kha, kha!
I trónut'-to boiatsia,
ne to, čtóbï ikh bit'.
A mï, kto stal kusát'sia,
totčás daváï dušít'!
Kha (17x)!

Mephistopheles' song in Auerbach's cellar

Once upon a time here was a king,
with him there lived a flea,
a flea . . . a flea!
Dearer than his own brother
it was to him,
the flea . . . Ha (5x)! A flea? Ha (5x)! A flea!
The king calls his tailor:
"Listen, you blockhead!
For my dear friend
sew a velvet caftan!"
A caftan for a flea? . . . Ha (5x)! For a flea? Ha (5x)!
A caftan? Ha (10x)! A caftan for a flea?
See, in gold and velvet
The flea is arrayed,
and full freedom
was given to it at the court.
Ha (7x)! To the flea! Ha (8x)! To the flea!
The king gave it the rank of minister
and also decorated it with a star,
and after that flea the others, too,
all were in vogue.
Ha, ha!
And the queen herself,
and her ladies-in-waiting,
couldn't endure the fleas,
their life was made impossible.
Ha, ha!
And they were afraid to touch them,
let alone to strike them.
But we, whenever we're bitten,
at once let's kill them!
Ha (17x)!

Na Dnepré

Stoï, Dnepr! Slúšaï, Dnepr!
Dnepr tï moï širókiï,
goï, tï, Dnepr, glubókiï!
Mnógo tï kroví kazač'éï
v dál'nee móre dál'neï dorogóï nosíl.
Tól'ko, tól'ko tï mória ne spoíl, tï ne spoíl.

Sevódnia up'ëš'sia,
sevódnia doždëš'sia,
širókiï moï Dnepr;
sevódnia uvídiš', Ukráïnu ždët prázdnik,
i prázdnik tot strášnïï,
a mnógo, mnógo prol'ët
oná kroví—kazák oživët.
I vstánet naród ves' za kraï svoï rodímïï,
i búdet, kak préžde, Ukráïna žïvá.
I vdal' po stepí, nad kurgánami brát'ev,

na strakh vragám zasverkáiut mečí.
I snóva kazák spoët ne potáïno,
privól'no i líkho spoët pro Ukráïnu:

On the Dnieper

Hold, Dnieper! Hear, Dnieper!
You, my wide Dnieper,
ha, you, the deep Dnieper!
Much Cossack blood
you have carried to the distant sea by a distant path.
And yet, yet you did not, you did not intoxicate [satiate] the sea.
Today you will get drunk,
today you will have what you waited for,
my wide Dnieper;
today you will see, a feast awaits the Ukraine,
and this feast is fearsome,
and it [the Ukraine] will shed much, much
blood—the Cossack will come back to life.
And the whole nation will rise in defense of its own territory,
and, as formerly, the Ukraine will be alive.
and far along the steppes, over the burial mounds of our brothers,
swords will begin to glisten, striking fear in our enemies.
And again the Cossack will sing without secrecy,
will sing freely and cockily about the Ukraine:

"Svobódna do mória, panóv net, monákhov!
Dnepr unës ikh kósti, kósti vraž'í.
Čërnoĭu króv'ĭu, pánskoĭu króv'ĭu
dál'nee móre on spoíl."
Stoĭ, moĭ Dnepr! Slúšaĭ, Dnepr!
Skóro tï doždëš'sĭa,
skóro tï uĭméš'sĭa.
Stoĭ, Dnepr! Stoĭ, glubókiĭ Dnepr!

"Free down to the sea, no more Polish gentry or monks!
The Dnieper has carried off their bones, the enemy's bones.
With black blood, with the blood of Polish gentry,
it has intoxicated the distant sea."
Hold, my Dnieper! Hear, Dnieper!
Soon you will have what you waited for,
soon you will be calm.
Hold, Dnieper! Hold, deep Dnieper!

PÉSNI I PLÍASKI SMÉRTI

1. Kolïbél'naĭa

Stónet rebënok. Svečá, nagorái̯a,
túsklo mertsáet krugóm.
Tséluĭu noč', kolïbél'ku kačái̯a,
mat' ne zabílasĭa snom.
Ránïm ranëkhon'ko, v dver' ostorózhno
smert' serdoból'nai̯a stuk!
Vzdrógnula mat', oglíanúlas' trevózhno . . .
"Pólno pugát'sĭa, moĭ drug!
Blédnoe útro už smótrit v okóško.
Pláča, toskúi̯a, líubí̯a,
tï utomílas'. Vzdremní-ko nemnózhko.
Ĭa posižú za tebĭa.
Ugomoníť' tï ditĭa ne suméla;
slášče tebĭa ĭa spoĭu."
"Tíše! Rebënok moĭ méčetsĭa, b'ëtsĭa,
dúšu terzáet moĭu."
"Nu, da so mnóĭu on skóro uĭmétsĭa.
Báĭuški, báĭu, baĭu."
"Ščéčki blednéĭut, slabéet dïkhán'e . . .
Da zamolčí že, molĭu!"
"Dóbroe známen'e: stíkhnet stradán'e.
Báĭuški, báĭu, baĭu."
"Proč' tï, proklátai̯a! Láskoĭ svoéĭu
sgúbiš' tï rádost' moĭu."
"Net, mírniĭ son ĭa mladéntsu navéĭu.
Báĭuški, báĭu, baĭu."
"Sžál'sĭa, poždí dopevát', khot' mgnovén'e,

strášnuĭu pésnĭu tvoĭu!"
"Vídiš', usnúl on pod tíkhoe pén'e.
Báĭuški, báĭu, baĭu."

SONGS AND DANCES OF DEATH

1. Lullaby

The child moans. The candle, burning down,
glints wanly all around.
The entire night, rocking the cradle,
the mother has not drifted off to sleep.
Early, early in the morning, compassionate Death
knocks cautiously at the door!
The mother shuddered, she looked around in agitation . . .
"Don't be frightened, my friend!
The pallid morning is already looking into the window.
Weeping, sorrowing, loving,
you have worn yourself out. Just doze a bit.
I will sit in for you a while.
You haven't been able to quiet your child;
I shall sing more sweetly than you."
"Quiet! My child is tossing and thrashing,
and tormenting my soul."
"Well, with me he will soon calm down.
Lulla, lullaby."
"His little cheeks are pale, his breathing is getting weak . . .
Do be silent, I beg of you!"
"A good sign: his suffering is becoming quiet.
Lulla, lullaby."
"Off with you, accursed one! With your kindness
you are destroying my joy."
"No, I am wafting peaceful sleep toward the boy.
Lulla, lullaby."
"Have mercy, wait a bit, if only a moment, before you finish
            singing
your frightening song!"
"See? He has fallen asleep to the quiet singing.
Lulla, lullaby."

2. Serenáda

Néga volšébnai̯a, noč' golubái̯a,
trépetnïĭ súmrak vesní . . .
Vnémlet, poníknuv golóvkoĭ, bol'nái̯a
šëpot nočnóĭ tišïní.
Son ne smïkáet blestĭáščie óči.
žïzn' k naslaždén'ĭu zovët;
a pod okóškom v molčán'i polnóči
smert' serenádu poët:
"V mráke nevóli, suróvoĭ i tésnoĭ,
mólodost' vĭanet tvoĭa;
rïtsar' nevédomïĭ, síloĭ čudésnoĭ

2. Serenade

Magical bliss, blue night,
palpitating springtime twilight . . .
The sick girl, with head hanging, hears
the whisper of the nocturnal silence.
Sleep does not close her flashing eyes,
life summons her to pleasure;
but under her window in the silence
Death sings a serenade:
"In the gloom of severe and confining captivity
your youth is withering;
(Like) an unknown knight, with miraculous strength

osvobožú ͡ıa tebi͡a.

I shall free you.

Vstan', posmotrí na sebi͡a: krasotó͡ıu
lik tvoĭ prozráčnïĭ blestít,
ščéki rumi͡anï, volnístoĭ kosó͡ıu
stan tvoĭ, kak túčeĭ, obvít.
Prístaľnikh glaz golubóe si͡an'e
i͡arče nebés i ogni͡a.
Znóem polúdennim véet dïkhán'e . . .
tï oboľstíla meni͡a.
Slukh tvoĭ plenílsi͡a moéĭ serenádoĭ,
rí͡tsari͡a šëpot tvoĭ zval.
Rí͡tsar' prišël za posplédneĭ nagrádoĭ,
čas upoén'i͡a nastál.
Néžen tvoĭ stan, upoítelen trépet.
O, zadušú ͡ıa tebi͡a
v krépkikh ob"i͡aťi͡akh; li͡ubóvnïĭ moĭ lépet
slúšaĭ . . . molčí . . . Tï moi͡a!"

Arise, look at yourself. Your limpid face
shines with beauty,
your cheeks are rosy, with wavy tresses
your figure is enveloped, as with a dark cloud.
The blue gleaming of your gazing eyes
is brighter than the sky or fire.
Your breath is as warm as the heat of noon . . .
you have seduced me.
Your ears have been taken prisoner by my serenade,
your whisper has called your knight.
Your knight has arrived as a final reward,
the hour of ecstasy has come.
Your figure is delicate, your agitation is ravishing.
Oh, I shall suffocate you
in my strong embraces; hear my amorous
prattling . . . be silent . . . You are mine."

3. Trepák

Les da poli͡anï, bezli͡ud'e krugóm.
V'i͡uga i pláčet, i stónet;
čúetsi͡a, búdto vo mráke nočnóm,
zlái͡a, kovó-to khorónit.
Gli͡ad', tak i est'! v temnoté mužïká
smert', obnimáet, laskáet;
s p'i͡anen'kim pli͡ašet vdvoëm trepaká,
ná-ukho pesn' napeváet:
"Okh, mužičók, staričók ubógoĭ,
p'i͡an napilsi͡a, poplelsi͡a dorógoĭ;

a metéľ-to, véd'ma, podni͡alás', vzïgrála,
s póli͡a v les dremúčiĭ nevznačáĭ zagnála.

Górem, toskóĭ da nuždói tomímïĭ,
li͡ag, prikorní da usní, rodímïĭ!
I͡a tebi͡a, golúbčik moĭ, snežkóm sogré͡ıu,
krug tebi͡a velíku͡ıu igrú zaté͡ıu.
Vzbéĭ-ko postéľ, tï metéľ lebédka!
Geĭ, načináĭ, zapeváĭ, pogódka!
Skázku da takú͡ıu, čtob vsi͡u noč' ti͡anúlas',
čtob p'i͡ančúge krépko pod neë zasnúlos'.
Oĭ vï, lesá, nebesá da túči,
tem', veterók da snežók letúčiĭ,
svéĭtes' pelenó͡ıu, snéžnoĭ pukhovó͡ıu;
é͡ıu, kak mládentsa, stárička prikró͡ıu.
Spi, moĭ družók, mužičók sčastlívïĭ,
léto prišló, rastsveló! Nad nívoĭ

sólnïško smeétsi͡a da serpí guli͡a͡ıut;
pésenka nesétsi͡a, golubkí letá͡ıut" . . .

Forest and meadows, no people anywhere around.
The blizzard is crying and moaning;
It feels as if, in the gloom of night,
the malicious [storm] is burying someone.
Look, it is true! in the darkness Death
is embracing and caressing a peasant;
together with the drunkard it is dancing a trepak
and singing a song in his ear:
"Oh, my peasant, squalid old man,
you've drunk yourself tipsy and dragged yourself along the
        road;
but a snowstorm, like a witch, has arisen and begun to rage,
it has driven you by chance from the field into the dense
        forest.
Worn out with grief, sorrow and poverty,
lie down, nestle and go to sleep, my good man!
I shall warm you, my dear friend, with light snow,
around you I shall produce a great spectacle.
Fluff up his bed, you swanlike blizzard!
Hey, begin, start singing, storm!
(Sing) a tale such that it will last all night,
such that the sot will fall fast asleep as he hears it.
Oh, you, forests, sky and stormclouds,
darkness, wind and flying snow,
wind yourself into a shroud, snowy and downy;
with it I shall cover up the old man as if he were a youngster.
Sleep my friend, happy little peasant,
the summer has come, the flowers have blossomed! Over the
        grainfield
a warm sun is laughing and the sickles are reveling;
a song is borne in the air, the doves are flying" . . .

4. Polkovódets

Grokhóčet bítva, bléščut bróni,
orúd'i͡a médnïe revút,
begút polkí, nesútsi͡a kóni
i réki krásnïe tekút.

4. The general

The battle is raging, armor is flashing,
the brass cannons are roaring,
the regiments are running, the horses are racing by
and rivers of red are flowing.

Pïláet pólden', lïudi b'ïutsïa!

Sklonílos' sólntse, boĭ sil'néĭ!

Zakát blednéet, no derútsïa

vragí vsë ïarostneĭ i zleĭ!

I pála noč' na póle bráni.

Družíni v mráke razošlís' . . .

Vsë stíkhlo, i v nočnóm tumáne

stenán'ïa k nébu podnïalís'.

Togdá ozarená lunóïu,

na boevóm svoём koné,

kostéĭ sverkáïa beliznóïu,

ïavílas' smert'. I v tišiné,

vnimáïa vópli i molítvï,

dovól'stva górdovo polná,

kak polkovódets, mésto bítvï

krugóm ob"ékhala oná.

Na kholm podnïavšis', oglïanúlas',

ostanovílas', ulïbnúlas' . . .

I nad ravnínoĭ boevóĭ

pronéssïa gólos rokovóĭ:

"Kónčena bítva! Ïa vsekh pobedíla!

Vse predo mnoĭ vï smirílis', boĭtsï!

Žïzn' vas possórila, ïa pomiríla!

Drúžno vstaváĭte na smotr, mertvetsï!

Máršem toržéstvennïm mímo proĭdíte,

vóĭsko moё ïa khočú sosčitát'.

V zémlïu potóm svoí kósti složíte,

sládko ot žízni v zemlé otdïkhát'!

Gódi nezrímo proĭdút za godámi,

v lïudïakh izčéznet i pámïat o vas.

Ïa ne zabúdu! I grómko nad vámi

pir búdu právit' v polúnočnïĭ čas!

Plïaskoĭ, tïažéloĭu, zémlïu sïrúïu

ïa pritopčú, čtóbï sen' grobovúïu

kósti pokínut' vo vek ne moglí,

čtob nikogdá vam ne vstat' iz zemlí!"

Noon is blazing, people are fighting!

The sun is lower, the battle is fiercer!

Sunset's paler light is seen, but the enemies

still struggle more furiously and maliciously!

And night has fallen on the field of battle.

The brigades have separated in the darkness . . .

All has become silent, and in the night mist

groans have arisen to heaven.

Then, illumined by the moon,

riding its war steed

and gleaming with the whiteness of bones,

Death appeared. And in the darkness,

hearing the cries and prayers,

full of proud satisfaction,

like a general, it rode all around

the battleground.

Ascending a knoll and looking around,

it came to a halt and smiled . . .

And over the battle plain

a fatal voice was borne:

"The battle is over! I have conquered everyone!

Warriors, you have all been subdued in front of me!

Life set you against each other, I have reconciled you!

Dead men, arise amicably for a review!

Pass by me in a grand march,

I want to calculate the number of my troops.

Then place your bones in the earth,

to rest from life sweetly in the earth!

The years will follow the years invisibly,

among people even the memory of you will disappear.

I will not forget! And loudly over you

I shall hold a banquet at the midnight hour!

With heavy dancing I shall trample down

the moist earth, so that your bones can never

leave the shadow of your grave,

so that you can never arise out of the earth!"

SELECTED SONGS

FOR VOICE AND PIANO

Где ты, звёздочка?

[Gde tï, zvëzdočka?]
(Where are you, little star?)

кра_сна_я? Иль по_ки_ну_ла дру_га ми_ло_го? Дру_га

ми_ло_го не_на_гляд_но_го?

Ту_ча чер_на_я скрыла звёз_доч_ку, зем_ля

gradually quieter
постепенно умолкая

хлад_на_я взя_ла де_ви_цу.

Калистратушка

Этюд в народном стиле

[Kalistratuška. Ėti︠u︡d v narodnom stile]
(Kalistratuška. Study in folk style)

Not fast; calmly
Не скоро, спокойно

slowing down somewhat
несколько замедляя

На _ до мной пе _ ва _ ла ма _ туш _ ка,

Calmly
Спокойно

Somewhat faster
Несколько скорее

бу_дешь жить ты при_пе_ва_ю_чи!"

И сбы_лось по во_ле бо_жи_ей пред_ска_за_нье мо_ей ма_туш_ки,

сбы_лось по во_ле бо_жи_ей пред_ска_за_нье мо_ей ма_туш_ки,

мо _ ей ма _ туш _ ки: нет счаст _ ли _ вей,

нет при _ го _ жей, нет на _ ряд _ ней

Ка _ ли_стра_туш_ки! Нет на_ряд_ней Ка _ ли_

_стра _ туш _ ки!"

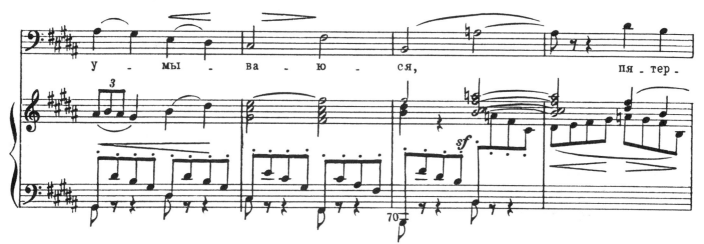

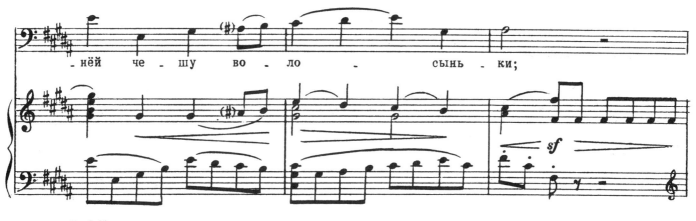

с не - за - па - хан - ной по - ло - сынь - ки, у - ро -

- жа   ю до - жи - да   ю - ся с не - за -

- па - хан - ной по - ло - сынь - ки, с не - за - па - хан - ной!

Original tempo
Первоначальный темп

А же - на мо   я за - ни - ма   ет.

-ся на на _ гих, на на _ гих де _ ти_шек стир _ ко_

_ю, пу_ще му_жа на_ря_жа_ет_ся, но _ сит

100

лап _ ти с под_ко_выр_ко _ ю, но сит

лап _ ти, с под_ко_выр_ко _ ю! Да, бу _ дешь

110

ГОПАК

[Gopak]
(Hopak)

An old man sings and dances to his song
Старик поёт и подплясывает

Гой! Гоп, гоп, го_па_ка!

По_лю_би_ла ка_за_ка. Толь_ко ста_рый да не_дю_жий,

11

то _ ль _ ко ры _ жий, не _ у _ клю _ жий. Вот и до _ ля вся по _ ка!

Гой!

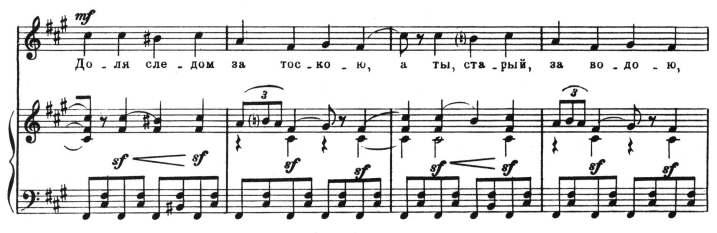

До _ ля сле _ дом за тос _ ко _ ю, а ты, ста _ рый, за во _ до _ ю,

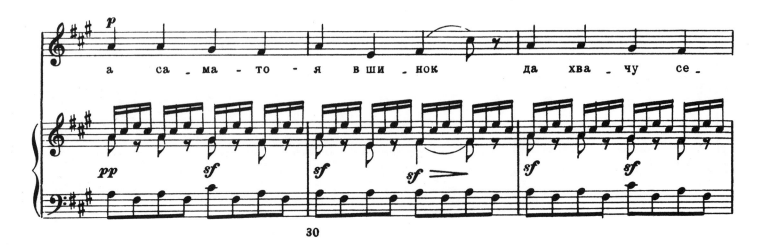

а са _ ма _ то _ я вши _ нок да хва _ чу се _

бе крю чок. А по том всё

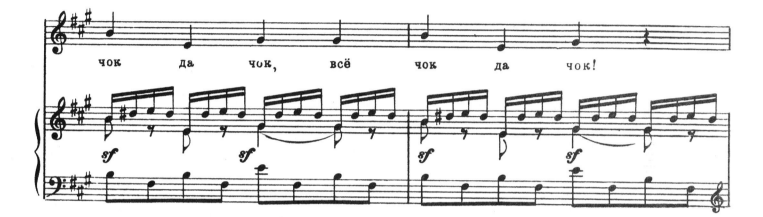

чок да чок, всё чок да чок!

Чар ка пер ва я ко лом, а вто ра я

со ко лом... Ба ба в пляс по шла ко нец!

а за не_ю мо_ло_дец... Ста_рый, ры_жий

ба_бу кли_чет, толь_ко ба_ба ку_кишь ты_чет:

Peevishly
сварливо

„Коль же_нил_ся, са_та_на, до_бы_вай же мне пше_на. Вот как!

50

На_до де_ток по_жа_леть, на_кор_мить и при_о_деть. Вот что!

Добы вай, смотри быть ху_ду, а не то сама добу_ду.

Слышь ты! До_бы_вай же, ста_рый, ры_жий, до_бы_вай ско_рей, бес_сты_жий.

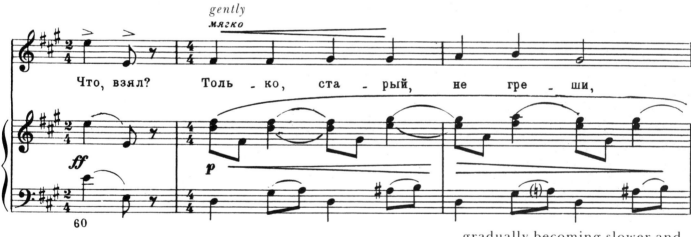

gently
мягко

Что, взял? Толь_ко, ста_рый, не гре_ши,

60

gradually becoming slower and quieter

постепенно замедляя и затихая

ко_лы_бель_ки ко_лы_ши, вот так! Ко_лы_бель_ки,

gradually livelier
постепенно оживляясь

Гой, Се_ме_ны, вы, И_ва_ны, на_де_вай_те-

continually livelier
более и более оживляясь

ка каф_та_ны да со мной гу_лять пой_дем_те,

Previous speed
Прежняя скорость

да при_ся_дем, за_по_ём_те!.. Гой!

gradually faster
постепенно ускоряя

Гой!   Гой!   Гой!

Faster
Скорее

Гой,   гой,   гой, гой, гой,   гой! Гоп, гоп,

го _ па _ ка!   По _ лю _ би _ ла ка _ за _ ка!

100

Faster still
Еще скорее

Толь _ ко ста _ рый да не дю _ жий, толь _ ко ры _ жий,

не _ у _ клю _ жий, Вот и прав _ да вся по _ ка. Гой!

18 Gopak

СВЕТИК САВИШНА

[Svetik Savišna]

(Darling Savišna)

Не по-брез-гай ты голь-ю го-ло-ю; бес-та-лан-но-ю

мо-ей до-ле-ю. У-ро-дил-ся, вишь, на смех лю-дям я,

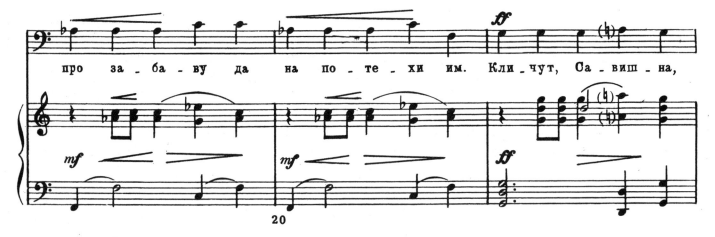

про за-ба-ву да на по-те-хи им. Кли-чут, Са-виш-на,

20

скорб-ным ра-зу-мом, ве-ли-ча-ют, слышь, Ва-ней бо-жи-им,

светик Са-виш-на, свет И-ва-нов-на. И да-ют пин-ков Ва-не божье-му

кор-мят, чест-ву-ют под за-тыль-ни-ком. А под празд-ни-чек

как раз-ря-дят-ся, у-бе-рут-ся, вишь, в лен-ты а-лы-е, да-дут хле-буш-ка

Ва-не скорб-но-му, не за-быть что-бы Ва-ню божье-го. Све-тик Са-виш-на,

 яс _ ный со _ кол мой, по _ лю _ биж ме _ ня, не _ при _ го _ же _ ва,

при _ го _ лубь ме _ ня, о _ ди _ но _ ко _ ва. Как люб _ лю те _ бя

мо _ чи нет ска _ зать, све _ тик Са _ виш _ на, верь мне верь _ не верь,

свет И _ ва _ нов _ на.

СИРОТКА

[Sirotka]
(The little orphan)

Fairly fast (do not drag the tempo)
Довольно скоро (не затягивать темп)

Ба _ рин мой, ми _ лень_кий, ба _ рин мой, доб _ рень_кий,

сжаль_ся над бед _ нень_ким, горь_ким, без _ дом_ным си _ ро_точ_кой. Ба_ри_нуш_ка!

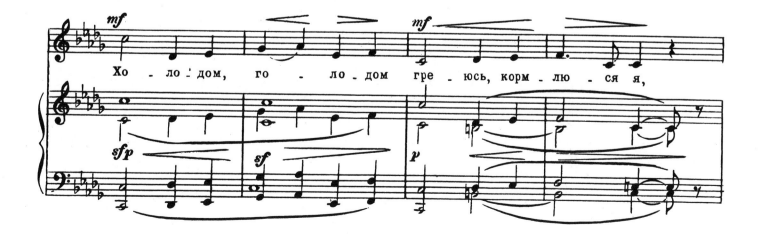

Хо _ ло _ дом, го _ ло_дом гре _ юсь, корм _ лю _ ся я,

вы _ толк _ нет. Нет мо _ ей си _ луш _ ки, пить, есть за _ хо _ чет _ ся.

40

Тревожно

Ба _ рин мой, ми _ лень _ кий, ба _ рин мой, доб _ рень _ кий! С го _ ло _ ду

Somewhat faster
несколько ускоряя

смерть страш_на, с хо _ ло _ ду сты_нет кровь. Ба _ рин мой, доб _ рень _ кий,

50

a tempo
в темпе

сжаль _ ся над бед _ нень _ ким. Сжаль _ ся над горь _ ким си _ ро _ точ _ кой...

КОЛЫБЕЛЬНАЯ ЕРЁМУШКИ

[Kolïbel'naîa Erëmuški]

(Erëmuška's lullaby)

Си_ла ло_мит и со_ло _ муш_ку — по_кло_нись по _ ни_же ей,

что_бы стар_ши_е Е_рё _ муш_ку в лю_ди вы _ве_ли ско_рей.

Ба _ ю бай, бай, ба _ ю бай, бай!

В лю_ди вый_дешь-всё с вельмо _ жа_ми ста_нешь дру_же_ство во_дить,

ДЕТСКАЯ

[DETSKAĬA]
(NURSERY)

1. С няней

[1. S nîaneĭ]

(1. With Nurse)

Fairly fast

Довольно скоро

Рас_ска_жи мне, ня_нюш_ка, рас_ска_жи мне, ми_ла_я, про то_

_го, про бу_ку страш_но_го; как тот бу_ка по_ле_сам бродил,

как тот бу_ка в лес де_тей но_сил, и как грыз он их бе_лы_е

10

29

кос _ точ_ки, и как   де_тите кри_ча_ли, пла _ ка _ ли.

Ня _ ню_шка!   Ведь за   то их,   де тей _ то,

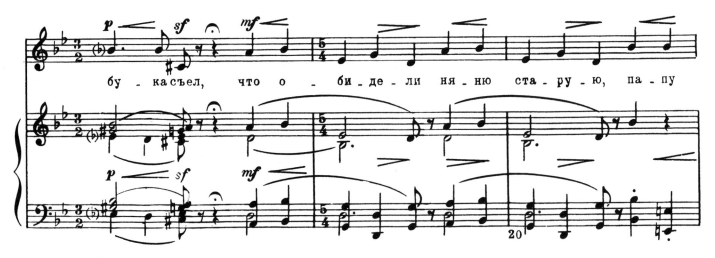

бу _ ка съел, что о _ би_де_ли ня_ню ста_ру_ю, па_пу

с ма_мой не_по _ слу_ша_ли; ведь за   то он съел их,   ня_ню_шка?

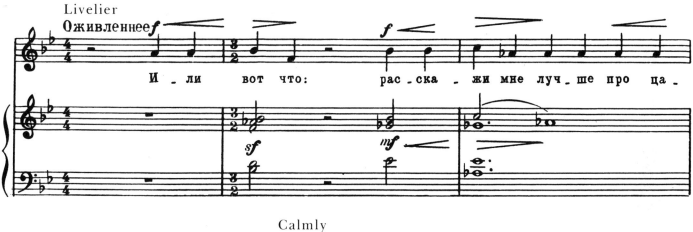

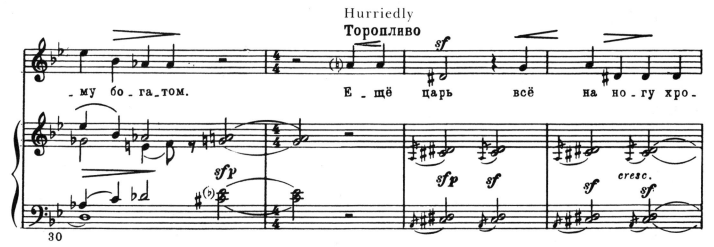

-ри_цы-то всё на_сморк был, как чих_нёт стё_кла вдре_без-

-ги! Зна_ешь, ня_ню_шка, ты про

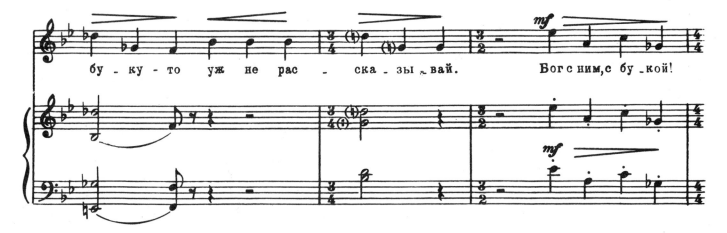

бу_ку-то уж не рас_ска_зы_вай. Бог с ним, с бу_кой!

Рас_ска_жи мне, ня_ня, ту смеш_ну_ю-то!

2. В углу

[2. V uglu]
(2. In the corner)

Ах ты, про _ каз _ ник!

Клу _ бок раз _ мо _ тал,

прут _ ки рас _ те _ рял! Ах _ ти! Все

петли спустил!   Чу-

лок весь забрызгал чернилами!   В у_гол!

В у_гол!   По_шёл в у_гол!

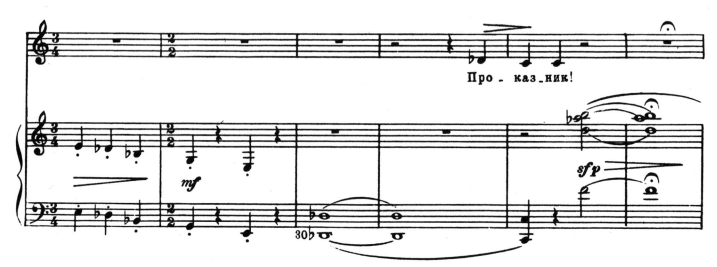

Про_каз_ник!

Twice as slow
Вдвое медленнее

Я ни-че-го не сде-лал, ня-нюш-ка, я чу-

-ло-чек не тро-гал, ня-нюш-ка! Клу-бо-чек раз-мо-тал ко-

-тё-но-чек, и пру-точ-ки раз-бро-сал ко-тё-но-чек. А

Ми-шень-ка был па-инь-ка, Ми-шень-ка был ум-ни-ца.

3. Жук

[3. Žuk]

(3. The beetle)

из лу _ чи _ но _ чек кле _ но _ вых, тех, что мне

ма _ ма, са _ ма ма _ ма на _ ще _ па _ ла.

До _ мик уж со всем по _ стро _ ил, до _ мик с крыш _ кой,

на сто _ я _ щий до _ мик. Вдруг!

На са - мой крыш - ке

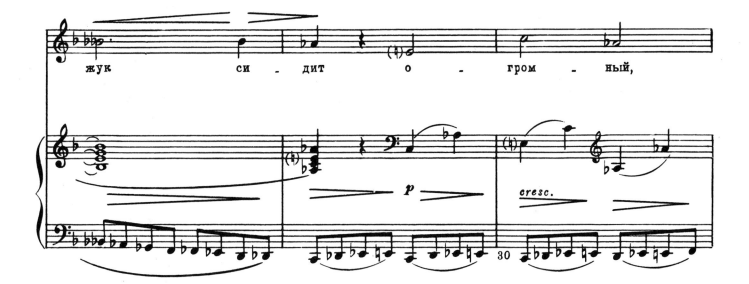

жук си - дит о - гром - ный,

чёр - ный, тол - стый та - кой. У -

_са_ми ше_ве_лит   стра_   шно

так   и пря_мо на ме_ня   всё смо_трит!

40

Ис_пу_гал_ся я!   А жук гу_

Slowing down slightly
Чуть медленнее

Slower still
Еще медленнее

60 Gradually returning to the previous speed
Постепенно переходя в прежнюю скорость

зок о _ дин чут _ чуть от _ крыл! И что же? по _ слу_шай, ня _ нюшка.

Жук лежит, сло_живши лап_ки, квер_ху но _ си_ком, на спинке, и уж не злит _ ся

и у _ са _ ми не ше _ ве_лит, и не гу _ дит уж,

толь _ ко кры_лыш _ ки дро_жат! Что ж он, у _ мер?

Slowing down slightly
Чуть медленнее

иль при _ тво _ рил _ ся? Что ж э _ то, что же, ска_жи мне, ня _ ня, с жу _ ком_то ста _ лось?

80

Previous tempo
Прежний темп

Ме _ ня у _ да _ рил, а сам сва_лил _ ся!

slowing down
замедляя
dim.

Что ж э _ то с ним ста _ лось, с жу _ ком _ то?

90

4. С куклой

[4. S kukloĭ]

(4. With the doll)

Slowly, calmly

Медленно, спокойно

Тя_па, бай, бай, тя_па, спи, у_сни, у_го _ монте_бя возь_

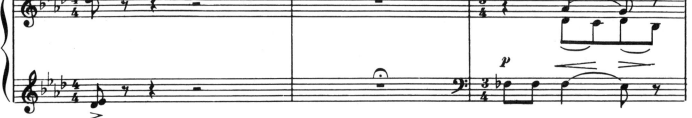

_ми! Тя _ па, спать на _ до _ Тя _ па, спи, у _ сни!

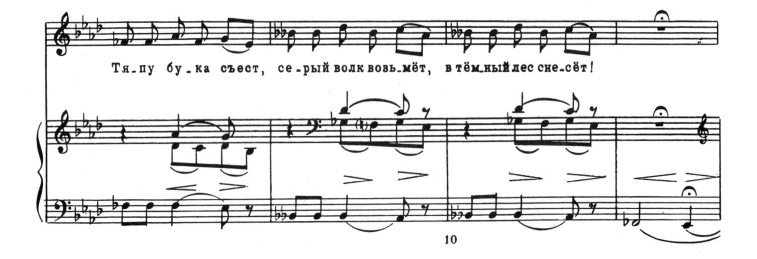

Тя _ пу бу _ ка съест, се _ рый волк возь_мёт, в тём_ный лес сне_сёт!

10

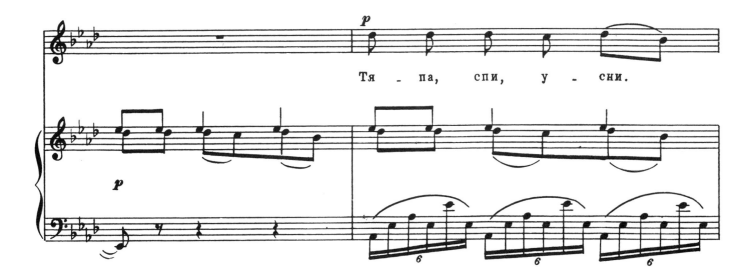

Тя _ па, спи, у _ сни.

Что во сне у _ ви _ дишь, мне про то _ рас _ ска _ жешь:

про ос _ тров чуд _ ный, где ни жнут, ни се _ ют,

cresc.

где цве_тут и зре_ют гру_ши на_лив ны_ е,

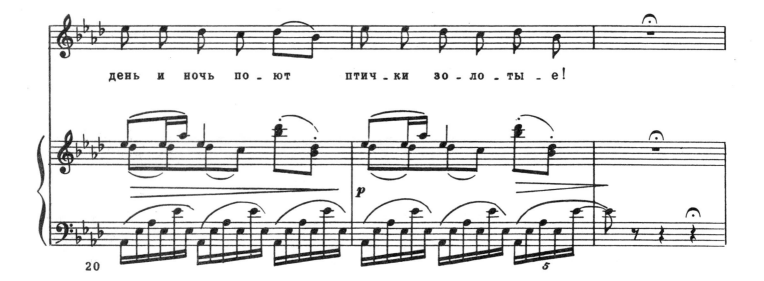

день и ночь по_ют птич_ки зо_ло_ты_ е!

20

5

Бай, бай, ба_ю, бай, бай,бай, Тя_па!

5. На сон грядущий

[5. Na son grĭaduščiĭ]

(5. Before going to bed)

Fairly fast, freely
Довольно скоро, свободно

Гос_по ди, по_ми_луй

па_пу и ма_му   и спа_си их гос_по_ди! Гос_по_ди, по_ми_луй

брат_ца Ва_сень_ку и брат_ца Ми_шень_ку.

Гос_по_ди, по_ми_луй   ба_буш_ку ста_рень_ку_ю,   пош_ли ты ей

10

47

доб_ро_е здо_ро_вьи_це— ба_буш_ке доб_рен_кой, ба_бу_ке ста_рень_кой;

гос_по_ди! И спа_си, бо_же наш: Тё_тю Ка_тю, тё_тю На_

_та_шу, тё_тю Ма_шу, тё_тю Па_ра_шу, тё_тей: Лю_бу, Ва_рю и

20

Са_шу, и О_лю, и Та_ню, и На_дю; дя_дей: Пе_тю и Ко_лю,

дя‿дей: Во‿ло‿дю, и Гри‿шу, и Са‿шу; и всех их, гос‿по‿ди, спа‿си и по‿ми‿луй. И

Getting faster
ускоряя

Филь‿ку, и Вань‿ку, и Мить‿ку, и Петь‿ку, и

Да‿шу, Па‿шу, Со‿ню, Ду‿ню‿шку...

Previous speed
Прежняя скорость

Ня‿ня, а ня‿ня! Как даль‿ше,

30

ня_ня? Вишь ты, про_каз_ни_ца ка_ка_я! Уж сколько раз у_

_чи_ла: гос _ по_ди, по _ ми _ луй и ме _ ня грешну _ ю!

slowing down
замедляя

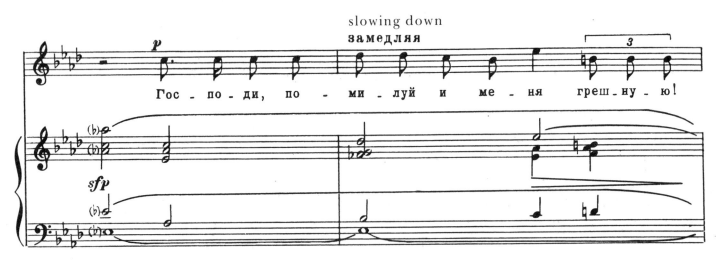

Гос _ по _ ди, по _ ми _ луй и ме _ ня греш_ну _ ю!

Previous speed
Прежняя скорость

Так? ня _ нюш _ ка?

40

6. Кот Матрос

[6. Kot Matros]
(6. Sailor the cat)

Lively, chattering
Оживленно-болтливо

Ай, ай, ай, ай, ма - ма,

ми - ла - я ма - ма! По - бе - жа - ла я за зон - ти - ком, ма - ма,

о - чень ведь жар - ко, ша - ри - ла в ко - мо - де и в сто - ле ис - ка - ла

нет, как на - роч - но! Я вто - ро - пях к ок - ну под - бе - жа - ла

51

может быть, зон - тик там по-за-бы - ла... Вдруг ви - жу;

на ок-не - то кот наш Ма - трос, за-

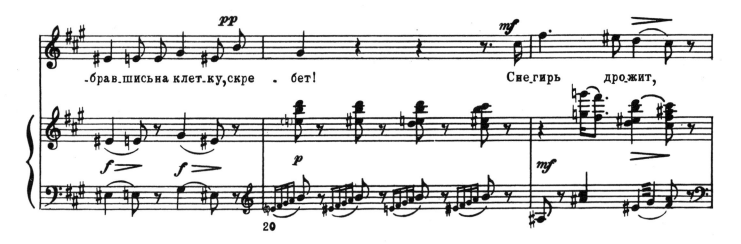

-брав-шись-на клет-ку, скре - бет! Сне-гирь дро-жит,

за-бил-ся-ву - гол, пи - щит. Зло ме-ня взя - ло!

Э, брат, до пти.чек ты ла.ком! Нет! По.стой, по.пал.ся

Slower
Медленнее

Вишь ты кот! Как ни в чем не бы.ва.ло, сто.ю я, смот.рю в сторон.ку,

только гла.зом од.ним под.ме.ча.ю странно что.то!

Gradually faster
постепенно ускоряя

Кот спо.кой.но в гла.за мне смот.рит, а сам уж ла.пу

Поехал на палочке

[7. Poekhal na paločke]

(7. Hobbyhorse ride)

Fast, glibly
Скоро-бойко

Гей! Гоп, гоп, гоп!

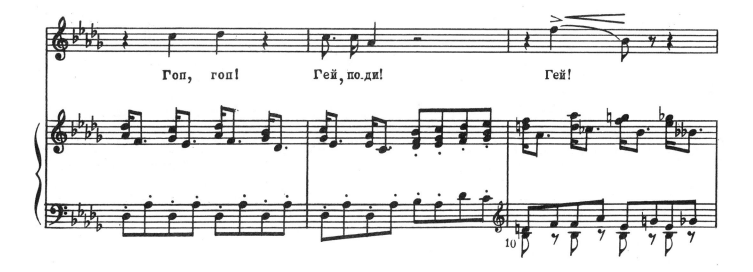

Гоп, гоп! Гей, по-ди! Гей!

55

Гей!　　　　　　　　　　Гей, поди!

Гоп, гоп, гоп!　　　　　　　Гоп, гоп!

Гоп, гоп, гоп!　　　Гоп, гоп! Гей!　　Гей, гей!

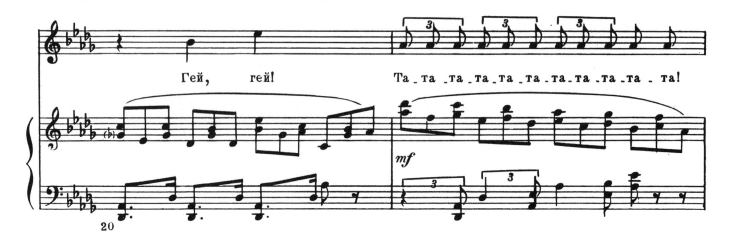

Гей,　гей!　　Та_та_та_та_та_та_та_та_та_та_та!

mf

20

Та _ та _ та _ та _ та _ та _ та _ та _ та _ та _ та!   Та _ та _ та _ та _ та _ та _ та _ та _ та _ та _ та

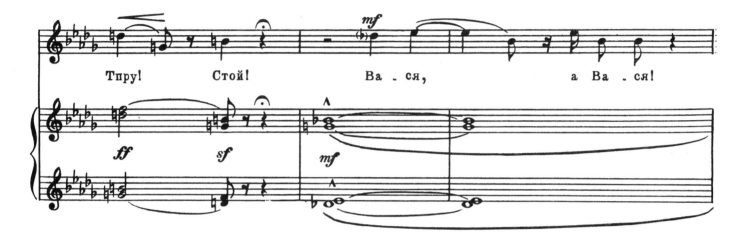

Тпру!   Стой!   Ва _ ся,   а Ва _ ся!

слу_шай при_хо _ ди иг_рать се_год_ня;   ка_ки _ е у ме_ня вож_жи есть:

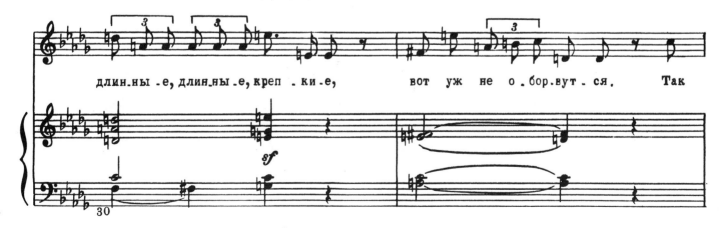

длин_ны _ е, длин_ны _ е, креп _ ки _ е,   вот уж не о _ бор_вут _ ся.   Так

при _ хо _ ди жиг _ рать к нам, Ва _ ся; толь_ко не позд _ но!

Ну ты гоп! Гоп,

гоп! Про _ щай, Ва_ся! Я в Юкки по_е_хал...

толькокне_че_ру... не_пре_мен _ но бу_ду... мы ведь ра _ но,

о _ чень ра _ но спать ло _ жим _ ся...　　　　при _ хо _ ди ж смо_три!

Тра _ та _ та _ та _ та _ та _ та _ та _ та _ та _ та _ та 　та _ та _ та _ та! 　Гей!

Та _ та _ та _ та _ та _ та _ та _ та _ та _ та 　та _ та _ та _ та! 　По_ди!

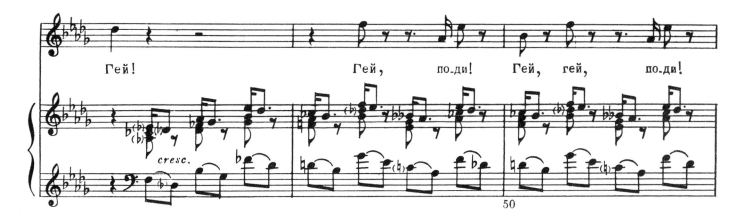

Гей! 　　　　　Гей, по_ди! Гей, гей, по_ди!

50

Гей, гей! Раз_дав_лю!

Ой!

Gradually slowing down
постепенно замедляя

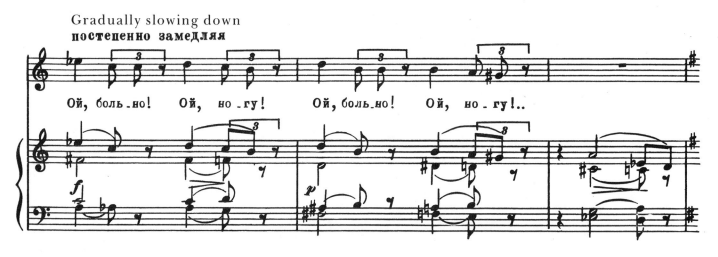

Ой, боль_но! Ой, но_гу! Ой, боль_но! Ой, но_гу!..

Moderately
Умеренно

Ми_лый мой, мой маль_чик, что за го_ре! Ну пол_но пла_кать; прой_

60

-дет, мой друг по-стой-ка, встань на нож-ки пря-мо, вот так, ди-тя.

По-смот-ри, ка-ка-я пре-лесть!

Ви-дишь? в кус-тах на ле-во? Ах, что за

птич-ка див-на-я! Что за пе-рыш-ки!

БЕЗ СОЛНЦА

[BEZ SOLNTSA]

(SUNLESS)

1. В четырех стенах

[1. V četïrëkh stenakh]

(1. Within four walls)

Комнатка тесная, тихая, милая;
тень непроглядная, тень безответная;
дума глубокая, песня унылая;
в бьющемся сердце надежда заветная,

2. Меня ты в толпе не узнала

[2. Menîa tï v tolpe ne uznala]
(2. You did not recognize me in the crowd)

было одно лишь мгно-ве-нье; но верь мне, я в нем пере-нёс

всей прош-лой люб-ви на-слаж-де-нья, всю

го-речь заб-ве-нья и слез!

3. Окончен праздный, шумный день

[3. Okončen prazdnīĭ, šumnīĭ den']

(3. Finished is the idle, noisy day)

O _ кон _ чен празд _ ный, шум _ ный день; люд _ ска _ я жизнь, у _

_ молк _ нув, дрем _ лет. Все ти _ хо. Май _ ской но _ чи тень сто _ ли _ цу спя _ щу _ ю объ _

_ ем _ лет. Но сон от глаз мо _ их бе _ жит. И при _ лу _ чах и _ ной ден _

4. Скучай

[4. Skučaĭ]

(4. Be bored)

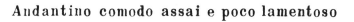

Andantino comodo assai e poco lamentoso

Ску_чай. Ты соз_да_на для ску_ки. Без

жгу _ чих чувств от_ра_ды нет, как нет воз_вра_та без разлу_ки, как без бо_ре_нья

Meno mosso

нет по_бед.   Ску_чай. Ску _ чай, сло_вам люб_

10

poco rall.

a tempo
senza espressione

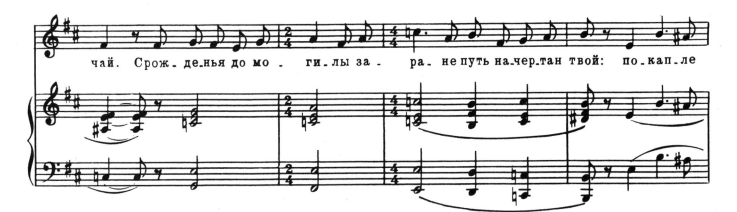

20

poco rall.

5. Элегия

[5. Ėlegiā]

(5. Elegy)

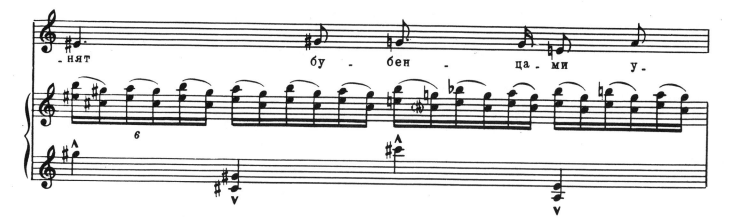

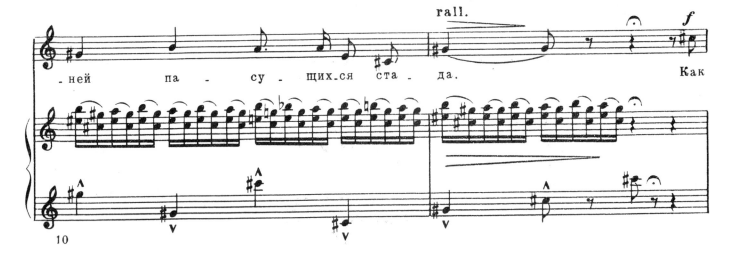

от ‿ блес ‿ ки на ‿ дежд, ког ‿

‿ да ‿ то до ‿ ро ‿ гих, дав ‿

‿ но по ‿ те ‿ рян‿ных, дав‿ но уж не жи‿вых.

20

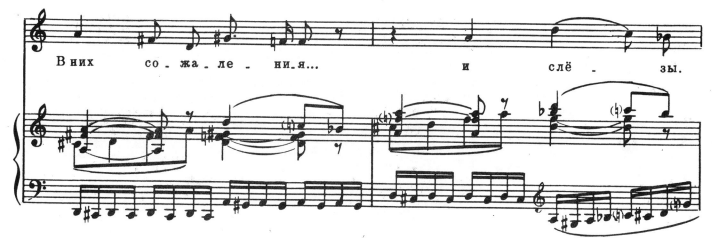

В них со‿жа‿ле‿ни‿я... и слё‿зы.

Poco meno mosso e cantabile

30

ду_ще_го борь_бой   пу_га_ют роб_кий ум, и   слы_шит_ся вда_

_ли   не строй_ной жиз _ ни шум,   тол_

_пы без_душ_ной смех,   враж _ ды ко_вар_ной ро_пот, жи_

_тей _ ской ме_ло_чи   не_за_глу_ши_мый шё_пот, у_

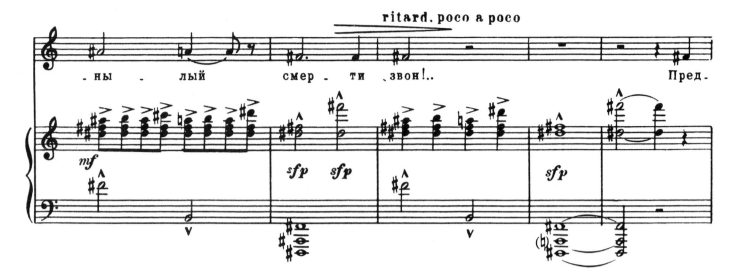

6. Над рекой

[6. Nad rekoĭ]

(6. On the river)

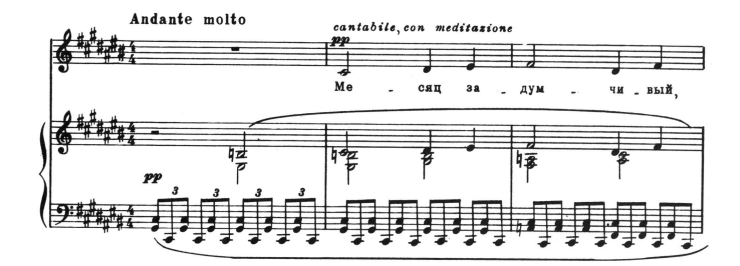

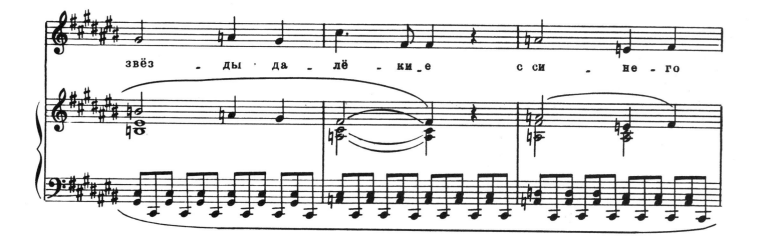

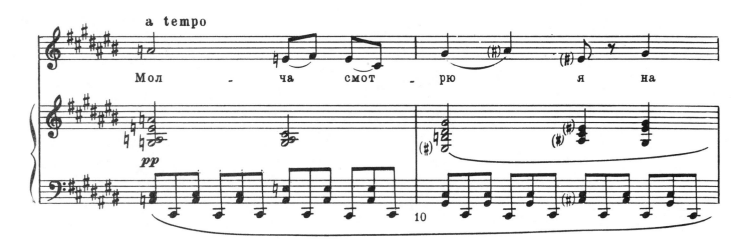

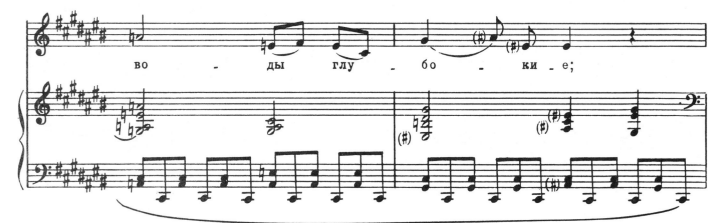

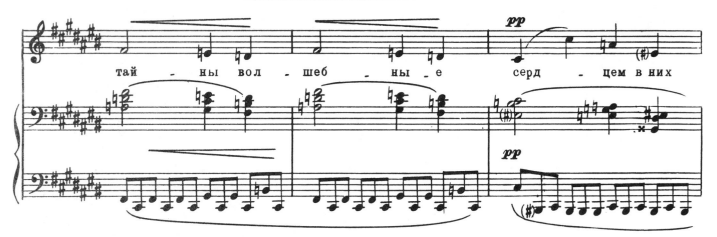

_ка _ тель _ но _ неж _ ны _ е; мно _ го в их

ро _ по _ те си _ лы ча _ ру _ ющей,

con dolore

Слы _ шат _ ся ду _ мы и

стра _ сти без _ бреж _ ны _ е...

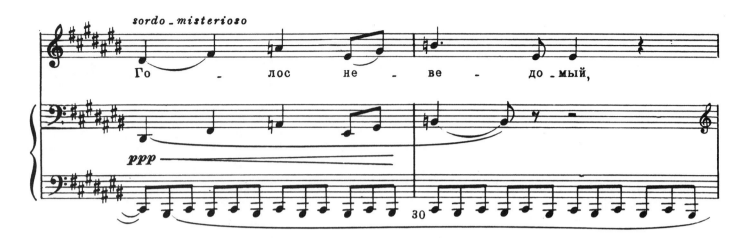

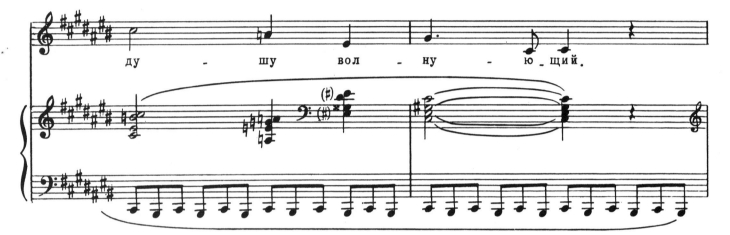

Слу _ шать ве _ лит ли он?

с ме _ ста не сдви _ нул _ ся;

го _ нит ли прочь? У _ бе _

_ жал бы в смя _ те _ ни _ и;

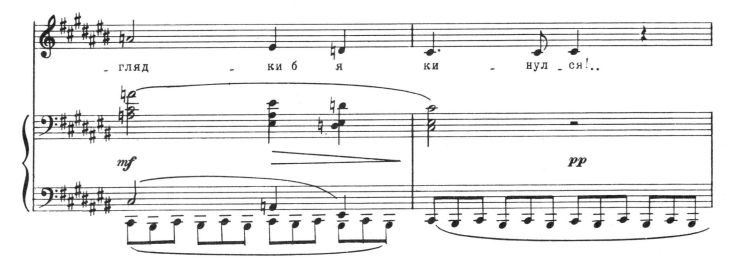

ПЕСНЯ МЕФИСТОФЕЛЯ
В ПОГРЕБКЕ АУЭРБАХА

[Pesni͡a Mefistofeli͡a v pogrebke Au͡erbakha]

(Mephistopheles' song in Auerbach's cellar)

Жил был ко_роль ког_да_то, при нём бло_ха жи_ла,   бло_

_ха... бло_ха!   Ми_

_лей род_но_го бра_та о _ на е_му бы _ ла, бло_ха...

Ха, ха, ха, ха, ха! Бло_ха? Ха, хэ, ха, ха, ха! Бло _ ха!

Зо _ вёт ко_роль порт _ но _ го: ,,По_слу_шай, ты, чур_

_бан! Для дру _ га до_ро _ го _ го сшей бар_хат _ ный каф_тан!"

Бло_хе каф_тан?.. Ха, ха, ха, ха, ха! Бло_хе? Ха, ха, ха, ха, ха! Каф_

_тан? Ха, ха, ха, ха! Ха, ха, ха, ха, ха, ха! Бло_хе каф_тан?

Andantino maestoso

Вот в зо_ло_то и бар_хат бло_ха на_ря_же_

40

_на, и пол_на_я сво_бо_да ей при дво_ре да_на. Ха, ха!

Moderato e giusto

Ха, ха, ха, ха, ха! Бло_хе! Ха, ха, ха, ха!.. Ха, ха, ха, ха, ха, ха!

Andantino maestoso

Бло_хе! Ко _ роль ей сан ми _ ни _ стра и с ним звез_ду да_

_ет; за не_ю и дру _ ги _ е по _ шли все бло_хи

Moderato maestoso

в ход. Ха, ха! И са_мой ко_ро _ ле _ ве, и фрей _ ли_нам е _

НА ДНЕПРЕ

[Na Dnepre]

(On the Dnieper)

льёт о_на кро_ви — ка_зак о_жи_вёт. И

вста _ нет на _ род весь за край свой ро _ ди _ мый, и

бу _ дет, как преж _ де, У _ край _ на жи _ ва. И

вдаль по _ сте _ пи, над кур _ га _ на _ ми бра _ тьев, на

страх вра_гам за_свер_ка_ — ют ме_чи. И

сно _ ва ка _ зак спо _ ёт не_по тай _ ну, при_воль_но и

ли _ хо спо _ ёт про У _ край _ ну: „Сво _ бод _ на до мо _ ря, па_

_нов нет, мо _ на _ хов! Днепр у _ нёс их ко _ сти,

ко - сти вра - жьи. Чёр - но - ю кро-вью,

пан - ско-ю кро-вью даль не - е

70

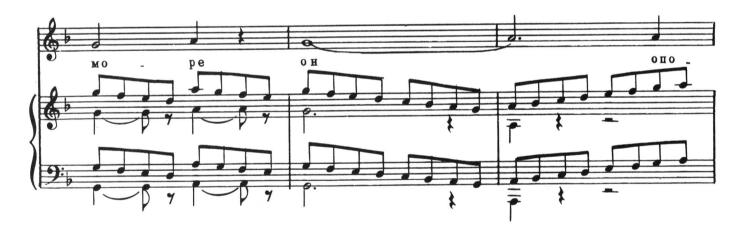

мо - ре он опо-

_ил." Стой, мой Днепр!

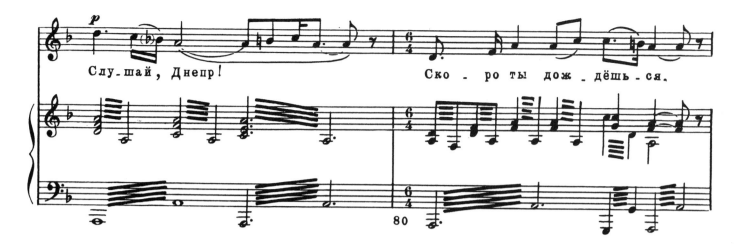

Слу_шай, Днепр! Ско - ро ты дож _ дёшь_ся.

ско - ро ты уй _ мёшь_ся. Стой, Днепр!

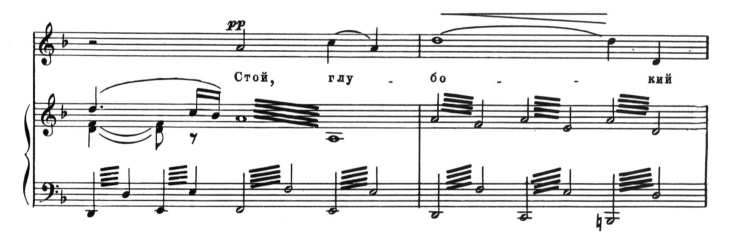

Стой, глу - бо - кий

Днепр!

ПЕСНИ И ПЛЯСКИ СМЕРТИ

PESNI I PLÏASKI SMERTI

(SONGS AND DANCES OF DEATH)

1. Колыбельная

[1. Kolïbel'naïa]

(1. Lullaby)

Сто_нет ре_бё_нок.   Све_

_ча,   на_га_ра_я,   тус_кло мерца_ет кру_гом.

Це_лу_ю ночь, ко_лы_бель_ку ка_ча_я,   мать   не за_

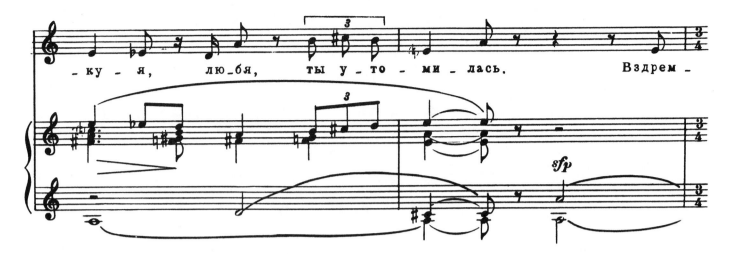

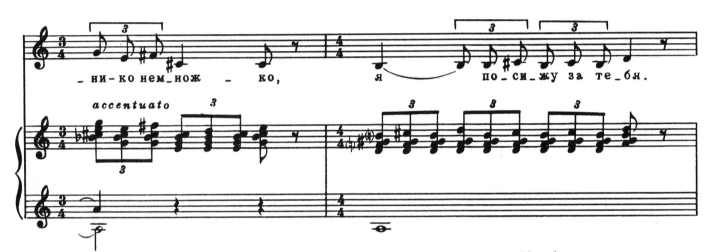

Lento funesto ... **allargando**

„Ну, да со мно_ю он ско_ро уй_мёт _ ся. Ба_юш_ки, ба_ю, ба_ю.“

Agitato

„Щёч _ ки блед_не_ют, сла _ бе _ ет ды_ха _ нье... Да за_молчи же, мо_

40

tranquillo ... **allargando**

_лю!“ „Доб_ро_е зна _ ме_нье: стих_нет стра _ да_нье. Ба_юш_ки, ба_ю, ба_ю.“

Agitato ... *con dolore* ... **Tranquillo**

„Прочь ты, прокля_та_я! Лас_кой сво _ е _ ю сгу_бишь ты ра_дость мо_ю.“—„Нет,

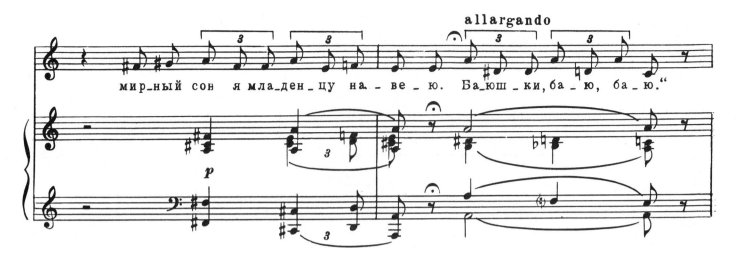

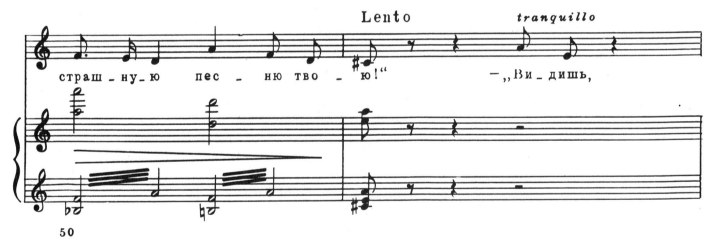

2. Серенада
[2. Serenada]
(2. Serenade)

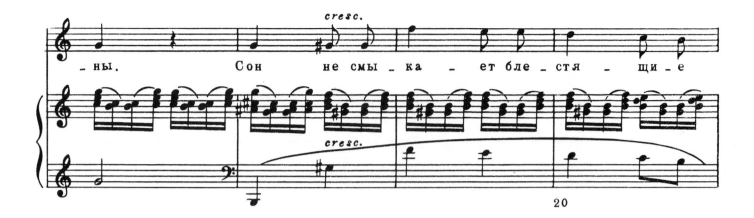

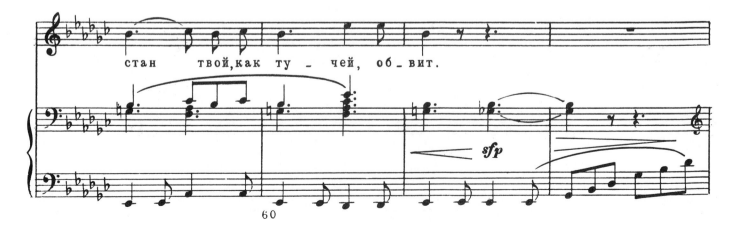

При _ стальных глаз го_лу_бо_е си_я_нье,

яр _ че не _ бес и ог_ня.

Зно _ ем по _ лу_ден_ным

ве _ ет ды_ха_нье... Ты о _ боль_сти_ла ме_ня.

3. Трепак

[3. Trepak]

(3. Trepak)

Lento assai. Tranquillo

Лес да по_ля_ны, без_людье кру_гом.

Вью_ га и пла_чет, и сто_нет; чу_ет_ся, буд_то

во мра_ке ноч_ном, зла_я, ко_

Poco a poco più mosso

_го _ то хо_ро_ нит.   Глядь,   так и есть!

В тем _ но _ те   му _ жи _ ка

смерть об _ ни _ ма _ ет, лас _ ка _ ет;

с пья _ ненъ _ ким пля _ шет вдво _ ём тре _ па _ ка.

ляг, при_кор _ ни да ус_ни, ро_ди_мый! Я те_бя, го_

_луб_чик мой, снеж_ком со_гре_ю, вкруг те_бя ве _ ли_ку_ю иг_ру за_те_ю.

Взбей _ ко по _ стель, ты ме _

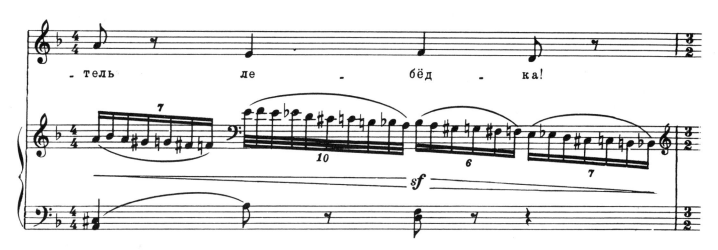

_тель ле _ бёд _ ка!

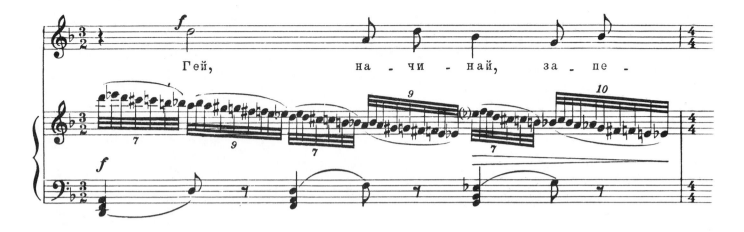

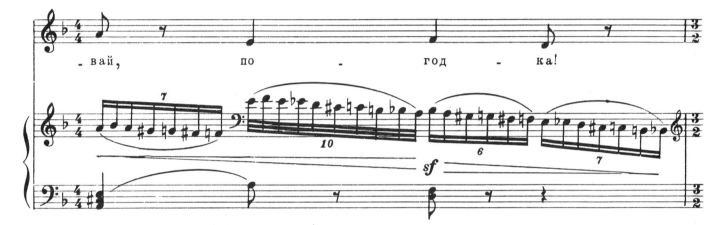

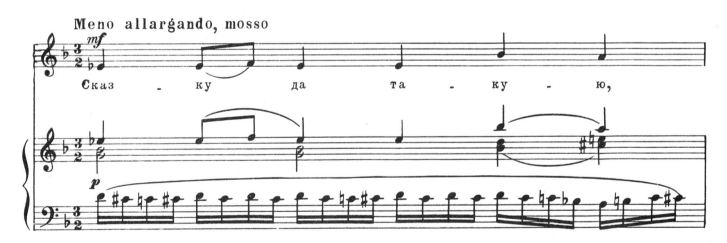

чтоб пьян _ чу _ ге креп _ ко

под не _ ё за _ сну _ лось.

poco a poco a tempo

a tempo

Ой вы, ле _ са, не _ бе _ са да ту _ чи,

темь, ве - те - рок да сне - жок ле - ту - чий,

свей - тесь пе - ле - но - ю, снеж - ной пу - хо - во - ю;

е - ю, как мла - ден - ца, ста - рич - ка при - кро - ю.

Andante tranquillo

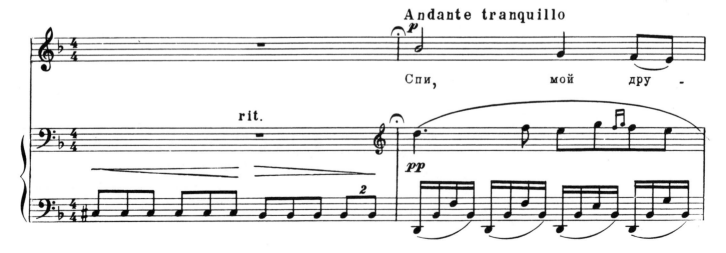

Спи, мой дру -

да сер - пы   гу - ля - ют;

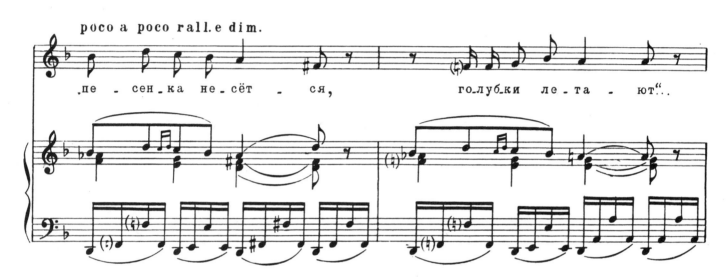

poco a poco rall.e dim.

пе - сен - ка не - сёт - ся,   го - луб - ки ле - та - ют"..

Più mosso   rall.   a tempo

Più mosso   rall.   a tempo

4. Полководец

[4. Polkovodet͡s]

(4. The general)

117

ко - ни и ре - ки крас - ны-е те -

- кут. Пы_ла - ет пол_день,

лю - ди бьют - ся! Скло -

- ни - лось солн - це, бой силь - ней!

За_кат блед _ не _ ет, но де-

_рут_ся вра_ги всё я _ _ рост_ней и

злей!

Moderato assai

И па _ ла

ночь на по_ле бра_ни. Дру_жи _ ны в мра_ке ра _ зо_шлись...Всё сти_хло,

_лит _ вы, до _ воль _ ства гор _ до _ го пол _ на,

Risoluto

как пол _ ко _ во _ дец, ме _ сто бит _ вы кру _ гом объ _ е _ ха _ ла о _ на.

poco cresc. _pp_

50

a mezza voce _dolce_

На холм под _ няв _ шись, о _ гля _ ну _ лась, о _ ста _ но _ ви _ лась, у _ лыб _ ну _ лась...

sfp _p_ _pp_

_mf_

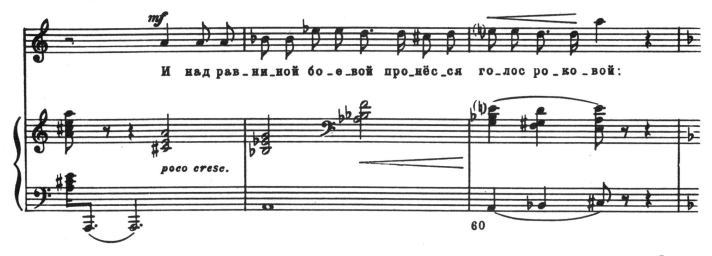

И над рав _ ни _ ной бо _ е _ вой про _ нёс _ ся го _ лос ро _ ко _ вой:

poco cresc.

60

В зем — лю по-том сво-и ко — сти сло-жи — те,

слад — ко от жиз — ни в зем-ле от — ды — хать!

Го — ды не зри — мо прой-дут за го-да — ми,

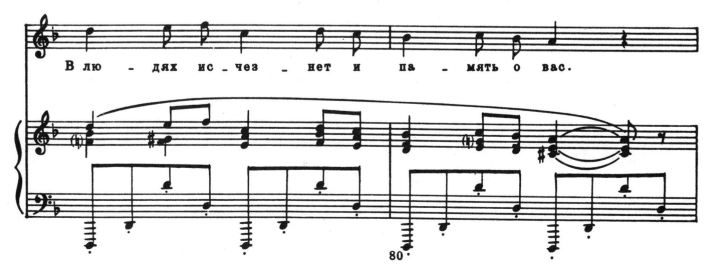

В лю — дях ис-чез — нет и па — мять о вас.

80